Alexander von Schönburg, in der Society gefürchteter Gesellschaftskolumnist, blickt zurück auf das sorglose, extravagante und zuweilen dekadente Leben der Reichen und Schönen vor dem Kollaps des Finanzmarkts. Er nimmt die Leser mit auf eine Expedition in eine inzwischen unwirklich wirkende Welt des schönen Seins, wo Milliardäre sich U-Boote zulegen, Kleinkinder Vielfliegerkarten besitzen und die Damen sich in der Mittagspause zur Auffrischung ein bisschen Nervengift ins Gesicht spritzen lassen. Seine Beobachtungen der High Society sind ein messerscharfer, herrlich ironischer und höchst unterhaltsamer Rückblick auf eine Zeit, die nun als ein Tanz am Rande des Abgrunds erscheint.

Alexander von Schönburg, Jahrgang 1969, hat für *Vogue*, die *Süddeutsche Zeitung* und die *Frankfurter Allgemeine Zeitung* geschrieben. Er war Chefredakteur von *Park Avenue* und ist heute Autor bei *Vanity Fair*. Bei Rowohlt erschienen bereits seine Bücher *Der fröhliche Nichtraucher*, *Die Kunst des stilvollen Verarmens*, *Das Lexikon der überflüssigen Dinge* und zuletzt *Alles, was Sie schon immer über Könige wissen wollten, aber nie zu fragen wagten*.

Alexander von Schönburg

In bester Gesellschaft

Rowohlt Taschenbuch Verlag

Originalausgabe

Veröffentlicht im Rowohlt Taschenbuch Verlag,

Reinbek bei Hamburg, Dezember 2008

Copyright © 2008 by Rowohlt Verlag GmbH,

Reinbek bei Hamburg

Umschlaggestaltung ZERO Werbeagentur, München

(Fotonachweis: Ciro Zizzo)

Satz ITC Legacy Serif PostScript (InDesign) bei

Pinkuin Satz und Datentechnik, Berlin

Druck und Bindung CPI – Clausen & Bosse, Leck

Printed in Germany

ISBN 978 3 499 62472 8

Inhalt

Die Qualen der Reichen und Mächtigen –
Nachdenken über die Welt des schönen Seins 75

Kratzen am Zuckerguss –
Begegnungen in der Welt des schönen Seins 133

Höflicher Monolog

Ich bin behindert zur Welt gekommen, Verzeihen Sie, wenn ich mein Herz bei Ihnen ausschütte, körperlich geht es mir gut, Gott sei Dank. Meine Behinderung ist eher sozialer Natur. Als Adeliger bin ich mit genetisch bedingten Eigentümlichkeiten belastet, die das Leben in unserer spätkapitalistischen Gesellschaft erschweren. Die Aristokratie, muss man wissen, hat die Gesetze der Genetik schon lange vor dem Human Genom Project erkannt. Gewisse körperliche und geistige Merkmale, das wissen wir schon lange, werden bei uns von Generation zu Generation weitergegeben. Da wir unsere DNA durch Hochzeitspolitik manipulieren, wurden manche Eigenschaften hochgezüchtet. Hier einige Beispiele genetisch vererbter Handicaps:

Trägheit. Über Generationen verbrachten wir unsere Zeit als Land- und Waldbesitzer. Das bedeutet für den Ältesten eine ruhige, ländliche Existenz, mit gelegentlichen Exkursionen in die große Stadt. Ein beschauliches Leben. Nur als Nachgeborener konnte man zum Militär, in die Diplomatie oder zur Kirche – und so die Welt sehen. Aber auch in diesen Institutionen galt Besonnenheit – also Trägheit – lange als gefragte Führungsqualität. Eine Folge dieser über Jahrhunderte konservierten Lebensumstände ist das Unvermögen der meisten Adeligen, ihren Lebensunterhalt durch Arbeit zu verdienen. Mit der Industrialisierung wurden wir in die moderne

Welt katapultiert, ohne eine Rolle zugewiesen zu bekommen. Im 19. Jahrhundert blühte unser Einfluss noch einmal auf, seit dem 20. Jahrhundert sind wir nicht mehr gefragt.

Es ist nicht Faulheit, die uns behindert, sondern der Unwillen, nicht ausschließlich aus Spaß und Passion tätig zu sein. Tätigkeit zum alleinigen Zwecke des Broterwerbs ist, damit spreche ich sicher für den Großteil meiner Artgenossen, unattraktiv. «The purpose of the aristocracy is most emphatically not to work for money», wie Nancy Mitford in den fünfziger Jahren feststellte. Wenn man dem die vielen Adeligen entgegenhält, die heute in Banken und Auktionshäusern ihr Geld verdienen, ist mit Evelyn Waugh zu antworten, der die These seiner Freundin Mitford präzisierte: «You should have said, not that aristocrats can't make money in commerce, but that when they do, they become middle-class.» Wer als Adeliger in unserem Zeitalter Erfolg hat, ist verbürgerlicht. Adelige hingegen, die sich ihren Idealismus und ihren mangelnden Ehrgeiz bewahrt haben, sind soziale Außenseiter.

Auch mit unseren intellektuellen Fähigkeiten ist es nicht sehr gut bestellt. Bildung, die über ein grobes Verständnis der Zusammenhänge hinausgeht, gilt als «bourgeois» und wurde, zumindest im südeuropäisch-katholischen Kulturraum, in Familien wie der meinen nie gefördert.

Arthur Koestler erklärte dies in seinem Essay «Anatomie des Snobismus» ebenfalls mit vererbten Attitüden: «Es gab mal eine Zeit, da waren die Literaten schlecht bezahlte Schreiber, und noch früher waren sie Sklaven, indes die oberen Klassen ihren herrschaftlichen Betätigungen nachgingen. Die Verachtung, welche der verkalktere Teil der gesellschaftlichen Oberschicht dem Wissen, der Klugheit und der Intelligenz entgegenbringt, ist ein fernes, aber unmittelbares Echo dieser vergangenen Tage.» In England, wo aristokratische Marotten besser konserviert wurden als auf dem Kontinent, hat heute noch das Wort *cleverness* beleidigenden Charakter. «Isn't he clever» ist so etwa das Gemeinste, das man dort in besseren Kreisen über einen Menschen sagen kann.

Wenn ich mir als Journalist und Autor die Schriftsteller vor Augen halte, die mit einem ähnlichen familiären Hintergrund belastet sind und dennoch halbwegs reüssierten (der Marquis de Sade, der kein Marquis, sondern ein Graf war, der Adabei Harry Graf Kessler, die Hermelinmotte und Hobby-Historiker, Conte Corti u.a.), schwindet meine Hoffnung, je als ernster Autor wahrgenommen zu werden. Das drohendste Beispiel eines schreibenden Grafen ist das eines entfernten Verwandten, eines Mystikers, über den man nach Lektüre dessen Bücher dichtete: «Als Gottes Atem leiser ging, schuf er den Grafen Keyserling.»

Der Ausgewogenheit halber sei angemerkt, dass es natürlich auch eine Reihe von vererbten Eigenschaften gibt, die im täglichen Leben weniger belastend sind – etwa die Fähigkeit zur Uneigennützigkeit oder die Begabung zur Ritterlichkeit –, allerdings sind dies Tugenden, die im Urteil der heute bestimmenden bürgerlich-merkantilen-entideologisierten Schicht keinen besonderen Stellenwert genießen.

In einer Zeit allerdings, in der einem durch Neid und Missgunst schürende Massenmedien plausibel gemacht wird, dass die politische Klasse die ihr geliehene Macht vor allem dazu nutzt, ihre Privilegien zu genießen und die eigene Versorgung zu gewährleisten, kommen unter Intellektuellen plötzlich wieder monarchistische Gedanken auf. Neulich saß ich mit zwei bedeutenden Journalisten großer linksliberaler Zeitungen zusammen, die ernsthaft von mir wissen wollten, welche deutsche Dynastie sich denn bei einer Restitution der (konstitutionellen) Monarchie als Herrscherhaus anbieten würde (ich hatte keine Antwort darauf).

Der einzige Autor in Deutschland, der die Abgehobenheit der bürgerlichen politischen Klasse thematisiert, ist übrigens ein Adeliger, ein Nachkomme der berühmten Bettina von Arnim, Hans Herbert von Arnim. Er hat mit dem schlimmsten Vorwurf zu kämpfen, den die politische Klasse zu vergeben hat: Er gilt als «Populist». Dies zumindest kann man mir nicht vorwerfen, der ich mir redlich Mühe gebe, meine Leser vor den Kopf zu stoßen.

Am meisten zu kämpfen hat man mit den Ressentiments der Bourgeoisie, die dem Adel noch immer nicht verzeihen will, dass man ihm trotz wiederholter Entmachtung, Erniedrigung und Entzug der materiellen Grundlagen weder die sichtbare Präsenz in der Gesellschaft noch die Unbekümmertheit nehmen konnte. Verzweifelt versucht die urbane Mittelklasse das schöne Leben zu simulieren, verdammt uns dazu, Benimmbücher zu schreiben, und lernt doch nichts daraus. Mit Arbeitern und Bauern, sofern es sie noch gibt, verbindet uns viel mehr als mit der tonangebenden urbanen Bourgeoisie (was sich übrigens auch in den Essgewohnheiten widerspiegelt: Es ist die wohlhabende Mittelklasse, die es genießt, «fein» essen zu gehen – Arbeiter und Adelige essen lieber fertig Gebratenes). In der Hoffnung, mit diesen Zeilen einige Ihrer

Vorurteile gegenüber Adeligen bestätigt zu haben, verbleibe ich mit herzlichen Grüßen ...

Alexander von Schönburg
im Oktober 2008

Das Land der Träume

Expeditionen in die Welt
des schönen Seins

Die Religion der High Society

Als Gesellschaftsreporter verschwendet man ja – so geht es mir jedenfalls – einen nicht unwesentlichen Teil seines Lebens mit Gewissensbissen. Ist es nicht nur eitler Tand, Tritsch und Tratsch, den man ausbreitet? Dann gibt es wieder Momente, in denen man mit dem Gefühl belohnt wird, durch die Beschreibung banaler Details eine Fußnote zur Zeitgeschichte beigesteuert zu haben. Im Frühsommer 2007 zum Beispiel beschrieb ich in *Vanity Fair* eine Party, die am Rande der Kunst-Biennale in Venedig stattfand. Gastgeberin war eine gewisse Kathy Fuld. Sie hatte den ehemaligen Kornspeicher des Hotels Cipriani gemietet. Von der Decke hingen Körbe, aus denen tonnenweise Jasminblüten quollen, was den Raum in einen angenehmen Duft tauchte. Die Gastgeberin hatte die gesamte Blumendekoration von ihrem Lieblingsfloristen aus New York einfliegen lassen. Per Privatjet. Schon deshalb eine Extravaganz, weil die Jasminblüten, wie man vermuten darf, erst tags zuvor aus Europa nach New York geflogen worden waren.

Der Ehemann von Kathy ist Richard Fuld, Vorstandschef jener Investmentbank Lehman Brothers, deren Untergang den Anfang der gegenwärtigen Weltwirtschaftskrise markierte. Wenn ich an die Party in Venedig zurückdenke, erscheint es mir als nicht mehr ganz so überraschend, dass der Größenwahnsinn von New Yorks Investment-Monarchen in Tränen enden musste. Die Party in Venedig roch schon verdächtig nach spätem Byzanz.

Überhaupt die Kunstmesse Venedig. Sie war der wichtigste Partytermin im Kalender des internationalen Jetsets. Um die Sitten und Rituale beim Tanz am Rande des Abgrunds zu beobachten, war dies der perfekte Ort. Die Biennale ist ja eigentlich eine Olympiade der Kunst, in der sich die Länder dieser Welt durch Ausstellungen in ihren Pavillons miteinander messen. Der wichtige Nebenwettbewerb dreht sich aber um die Frage: Wer gibt die grandiosesten Feste?

Der Sport der High Society bestand darin, sich nach strapaziösem Gehetze zwischen Ausstellungsgelände, dem Arsenale und den wichtigsten Vernissagen in der Stadt für ein, zwei Stündchen in die Hotelsuite (idealerweise im Gritti oder Cipriani) zurückzuziehen, die etwa 30 Einladungen für den jeweiligen Abend über die Brokat-Tagesdecke auf seinem Himmelbett auszubreiten und dann erst – in letzter Minute – zu entscheiden, welche der Einladungen man tatsächlich wahrzunehmen gedenkt.

Zum Beispiel die zum Dinner des Luxusgüter-Tycoons und Kunstmäzens François Pinault im Palazzo Cini. Pinault war der Herrscher über Venedig. Ihm war es gelungen, den bisherigen Platzhirschen, die Guggenheim Stiftung, im Kampf um die Ausrichtung des neuen Zentrums für zeitgenössische Kunst auszustechen. Das Fest im Palazzo Cini war ein Akt des Triumphs. Die gesamte französische High Society – inklusive der halben Regierung Sarkozy – war angereist, um mit Pinault zu feiern. Während bei den meisten anderen Partys ein oft betont lässiger Kleidungsstil vorherrschte, waren hier sämtliche Damen im

Das Land der Träume

langen Abendkleid erschienen – und kein einziger Herr ohne Krawatte. Stargast war die hochschwangere Salma Hayek, die Lebensgefährtin des Pinault-Sohnes François-Henri. Unter den Gästen war auch Gert-Rudolf («Muck») Flick, der mir gestand, vermutlich versehentlich eingeladen worden zu sein, da er mit moderner Kunst eigentlich nichts am Hut hat, sondern hartnäckig Alte Meister sammelt: «Wahrscheinlich hat mich Pinault mit meinem Bruder Mick verwechselt», meinte er.

Oder eben das Abendessen von Kathy Fuld. Kurz vor dem Bankrott der von ihrem Mann geführten Bank hatte sie sich entschlossen, unter die Kunstmäzene zu gehen. So kauft sie mal eben Zeichnungen von Jasper Jones für 10 Millionen Dollar, schenkt diese dem Museum of Modern Art in New York und wird dafür mit dem Kuratoriumsvorsitz des MoMA belohnt.

Die begehrtesten Einladungen waren aber immer jene in die privaten Palazzos am Canal Grande, zum Beispiel in den Palazzo Brandolini, wo Richard Wagner einst residierte, oder in den Palazzo Mocenigo, einst Oscar Wildes bevorzugter Aufenthaltsort in der Stadt, der von Francesca Habsburg angemietet worden war. Die meisten Ureinwohner Venedigs nutzen die Biennale ja für die Flucht aus der Stadt und sanieren sich durch die Vermietung ihrer Paläste an die angereisten Milliardäre. Die Eigentümer des von Francesca Habsburg gemieteten Palazzos, drei Damen aus einer der ältesten venezianischen Familien, hingegen waren hier geblieben. Sie stellten Francesca das Haus gegen die Zahlung einer stattlichen Summe zur Verfügung, waren aber nicht etwa ausgezogen, sondern hatten sich nur in das oberste Stockwerk umquartiert und machten von dort der Mieterin das Leben schwer («keine laute Musik nach Mitternacht», «keine Gläser auf den Möbeln abstellen», «bitte nicht mehr als 30 Gäste pro Dinner-Party»).

Die ausschweifendste Party im vergangenen Jahr war jene der Moskauer Sammlerin und Oligarchengattin Stella Kessajewa, die Hunderte Jetset-Größen ins Hotel Cipriani zu einem Privatkonzert von Paolo Conte geladen hatte. Hier wurde der Kaviar direkt in Fässern serviert. Auf jeden Gast kamen durchschnittlich drei Bodyguards.

Der Preis für die langweiligste Party ging 2007 an Tom Krens, den Chef der weltweiten Kette von Guggenheim-Museen. Er hatte zu einem Abendessen auf der Dachterrasse seiner hiesigen Dependance geladen. An seinem Tisch saßen zwei Frauen, die in den letzten Jahren große Mühe hatten, sich Galeristen vom Leibe zu halten, weil sie über einen schier unerschöpflichen Etat für Kunstankäufe verfügten: die blonde russisch-amerikanische Sammlerin Janna Bullock und Ra Hee Hong Lee, deren Familie der Samsung-Konzern gehört. Frau Lee führt in Korea das familieneigene Museum, das charmanterweise aber nicht Muse-um sondern schlicht Lee-um heißt.

Der Preis in der Kategorie «Coolness» ging gemeinschaftlich an die Party der Londoner Galerie White Cube und das von *Vogue* und Gucci veranstaltete Fest im Palazzo Grassi. Man schlenderte bei House-Musik durch die hier beheimatete Pinault-Sammlung. Der schönste Platz war aber eigentlich die Treppe zum Steg am Canal Grande, wo unter großem Gedränge die Boote an- und ablegten. Die spektakulärsten Gäste waren an der Zahl der sie begleitenden Leibwächter zu erkennen. Hier am Steg konnte man auch vortrefflich eine spontan inszenierte Kunstperformance von Naomi Campbell verfolgen, die ihren

Wassertaxi-Chauffeur auf das Wüsteste beschimpfte, weil er die Stirn hatte, andere Boote vorfahren zu lassen.

Wirklich enttäuschend verlief die letze Biennale der ansonsten ja sorglosen Epoche eigentlich nur für Elton John. Er hatte, als Verbeugung vor der angereisten Kunst-High-Society, ein Konzert auf dem Markusplatz geplant. Alle namhaften Milliardäre, Prinzen und Prinzessinnen waren bereits mit Backstagekarten versorgt, als er das Konzert kurzerhand absagen musste. Der Veranstalter hatte sich nach dem Verkauf der Karten aus dem Staub gemacht und sich mit sämtlichen Einnahmen nach Rio de Janeiro abgesetzt.

Die Kunstsammel-Society war grob gesagt in folgende Subspezies unterteilt: Typ Louise MacBain – megareich, aber aus kleinen Verhältnissen, wollte durch die Liaison mit der Kunstwelt gesellschaftlich nach oben. Typ Francesca von Habsburg – aus gutem Hause, daher gesellschaftlich nicht ambitioniert, nutzte Kunstkaufen als Beschäftigungstherapie. Typ Friedrich Christian («Mick») Flick – dem Dolce Vita überdrüssig, sah Kunst als Mittel zur Sinnsuche. Typ François Pinault – hatte wirtschaftlich alles erreicht, von dem Bedürfnis getrieben, sich ein Denkmal zu setzen.

Da die meisten der den Markt beherrschenden Sammler Novizen im Kunstbetrieb waren und sich kein eigenes Urteil zutrauten, ließen sie sich ihre Sammlungen von Fachleuten zusammenstellen. Das Resultat war, dass man in sämtlichen in den letzten Jahren entstandenen Privatsammlungen zwischen Moskaus Nobelvorort Rublevka und der Park Avenue in New York den gleichen Bestand vorfindet: Damien Hirst, Paul McCarthy, Andreas Gursky, Cindy Sherman. Sollten all die, die in den letzten Jahren ihre Kunstbegeisterung entdeckt haben, ein und denselben Geschmack haben? Privatsammler müssten doch eigentlich für eine gewisse Verrücktheit gut sein, in Ecken schnüffeln, die der Kunstbetrieb noch nicht entdeckt hat, private Steckenpferde reiten für ihr vieles Geld.

Der alte Heini Thyssen war zwar auch nicht so sehr ein Kunstsammler als ein Kunstanhäufer, aber er verfolgte wenigstens einen handfesten Zweck mit den Bildern, die er kaufte. Wenn er abends mit seiner geistig nicht sehr inspirierenden Frau Tita zusammen war, hatten sie einander nichts zu sagen. Tita saß vor dem Fernseher und sah sich irgendeine schwachsinnige Serie an, er saß neben ihr und sah auf den Sisley, der über dem Fernsehgerät hing.

Menschen, die sich alles leisten konnten und keine Wünsche mehr hatten, eröffneten sich durch das Sammeln von Kunst die Möglichkeit, am Weltgeist teilzuhaben. Oder machten sie sich da etwas vor? Lukian, der große Satiriker der Antike, der alte Snob, sagte über die Sammler seiner Zeit: «Man ist nicht Herkules, nur weil man dessen Pfeil und Bogen besitzt.»

Kathy Fuld, die mit den eingeflogenen Jasminblüten, hat übrigens inzwischen einen Großteil ihrer Kunstsammlung bei Christie's in New York versteigern lassen. Darunter ein Gorky aus dem Jahr 1946. Der Titel des Werkes lautet «Studie der Angst».

Wie man sich unbeliebt macht

Vergangenes Wochenende war ich mit meiner Frau bei Freunden in deren Schloss auf dem Land zu Gast. Unglücklicherweise hatten wir nicht nur unsere drei Kinder, sondern auch noch unseren Jack-Russell-Terrier namens Beppo mitgenommen. Hausgäste, die mit Hunden anreisen, sind immer unbeliebt. Bei uns kam noch der unglückliche Umstand hinzu, dass Beppo an die Dimensionen einer Berliner Etagenwohnung gewöhnt ist und bei den weiten Fluren und Sälen des Schlosses große Mühe hatte, zwischen «drinnen» und «draußen» zu unterscheiden. Den Salon und die Schlafzimmer hielt er offenbar für «drinnen», die Gänge und Korridore des Schlosses für «draußen». Innerhalb weniger Stunden hatte Beppo mit großer Akkuratesse jeden Brokatvorhang im westlichen Schlossflügel markiert.

In Adelshäusern fällt dem Personal ja hauptsächlich die Aufgabe zu, einem die Kinder vom Hals zu halten – nur hatte das Personal von Prinz und Prinzessin von B. an diesem Wochenende leider frei. So ließ es sich vor unseren Gastgebern weder vertuschen, dass unsere Kinder die Lieblingsspielzeuge der Gastgeberkinder im Wassergraben des Schlosses versenkt hatten, noch war es für die allgemeine Laune gedeihlich, dass sie am zweiten Tag unseres Aufenthaltes von einem Magen-Darm-Virus heimgesucht wurden. Nichts, wirklich nichts ist für Gastgeber lästiger als kranke Gäste. Besonders, wenn die aufgetretene Krankheit ansteckend ist und die mit Wappen bestickte Damastbettwäsche darunter leiden muss.

Als unser Hund sich dann auch noch einen Spaß daraus machte, die schlosseigenen Pfauen – die der ganze Stolz der Gastgeberin sind – zu jagen, die zahlenden Touristen im Schlosspark anzufallen, und, als wir ihn endlich in unser Zimmer gesperrt hatten, dort die Louis-quinze-Kommode anzuknabbern, gab sich unser rührender Gastgeber zwar weiterhin große Mühe, den Anschein zu erwecken, als sei ihm unsere Anwesenheit eine Freude – dies war aber nur seiner guten Erziehung zu verdanken. Wir zogen unsere Abreise dann vor, denn wir waren der lebende Beweis für die alte englische Faustregel: «House guests are like dead fish. They begin to stink after two days.»

Die Rückreise aus der ländlichen Idylle zurück nach Berlin gab mir Gelegenheit, mir ein paar grundsätzliche Gedanken zum Thema «Wie man sich als Hausgast unbeliebt macht» zu machen. Hier meine Top Ten der größten Fauxpas:

1. Bringe ein unpassendes Gastgeschenk mit, zum Beispiel mittelmäßigen Whisky, und konsumiere ihn vor deiner Abreise selbst. Überhaupt muss man mit Gastgeschenken aufpassen. Etwas zu essen oder trinken mitzubringen, ist eigentlich eine Unverschämtheit, schließlich ist die Gastgeberin nicht auf Essensspenden angewiesen, und außerdem bringt das die Menüplanung durcheinander, weil man die Gastgeber dadurch nötigt, das Geschenkte zu verwenden. 2. Reise mit Hund an und nimm 3. unerzogene Kinder mit, aber kein Kindermädchen. Ist man unverheiratet und hat keine Kinder, tut es auch ein kurzfristig angemeldeter zusätzlicher Gast («Uschi

ist sehr nett, wirklich!»). 4. Komme zu spät zum Abendessen und zu früh zum Frühstück. Oder erscheine erst gegen Mittag, möglichst mit schwerem Kater, und erkundige dich dann missgelaunt nach dem Frühstück. 5. Wenn du auf dem Land eingeladen bist, nimm unpassende Kleidung mit und bitte den Gastgeber, dir etwas zu leihen («Ich kann meine Gucci-Samtmokassins unmöglich draußen anhaben!»). 6. Beschimpfe das Hauspersonal oder 7. betätschel es unsittlich (Vorbild: Helmut Berger). 8. Setze dich über die Sitte hinweg, dem Personal ein großzügiges Trinkgeld dazulassen. 9. Lasse bei der Abreise Kleidungsstücke oder Handy-Aufladestecker zurück, sodass der Gastgeber die Mühsal auf sich nehmen muss, sie dir nachzusenden. 10. Schicke den Dankesbrief frühestens nach zwei Wochen oder vergiss ihn ganz und schreibe stattdessen einen Text wie diesen hier.

Botoxtanken in Salzburg

Die Salzburger sind davon überzeugt, dass ihre Stadt erotisch ist. Angeblich hat das etwas mit der Sinnlichkeit zu tun, mit der sich die Häuser hier direkt an die Berge, eine Art Überbusen, schmiegen. Vergangene Woche war ich bei den Festspielen und durfte erfahren, was genau die Salzburger meinen, wenn sie von der Erotik ihrer Stadt sprechen.

Die Madame von Salzburg ist Eliette von Karajan, die Witwe des großen Dirigenten, dem diese Stadt fast so viel zu verdanken hat wie Mozart. Nach dem Eröffnungskonzert der Wiener Philharmoniker lief ich – und das ist wörtlich zu nehmen – in die Arme von Eliette, die mir anbot, mich zurück nach Anif zu nehmen, den kleinen, malerischen Ort außerhalb der Stadt, wo sie in ihrer Dirigentenvilla wohnt und wo auch ich, allerdings nicht bei ihr, sondern im neogotischen Wasserschlösschen der Familie des Grafen Moy untergekommen war. Es war spätnachts. Während wir im Auto saßen, nestelte ich nervös in meinen Taschen herum auf der Suche nach dem Schlüssel für die Schlosseinfahrt, den mir meine Gastgeber überlassen hatten. Als Hausgast einen Schlüssel zu bekommen, ist sehr angenehm. Aber diesen Schlüssel dann zu verlieren, ist so ziemlich das Schlimmste, das einem als Gast geschehen kann. Eliette versuchte, mich zu beruhigen. Mit dem, was sie sagte, steigerte sie meine Panik allerdings erheblich: «Du kannst doch bei mir übernachten», sagte sie, «in Herberts Bett.» – «Das ist sehr lieb, aber das kann ich unmöglich annehmen», stotterte ich, «ich würde im Bett dieses Titanen kein Auge zutun.» Gott sei Dank tauchte der Schlüssel wieder auf.

Da ich ein risikofreudiger Mensch bin, nahm ich am nächsten Tag wieder eine Mitfahrgelegenheit mit Eliette wahr. Es war ein sehr heißer Tag, wir kamen gerade vom Lunch beim Galeristen Thaddaeus Ropac. Diesmal schlug sie mir vor, in ihrem Pool ein wenig zu schwimmen: «Es macht nichts, wenn du keine Badehose dabeihast.» Nur der Geistesgegenwart des Chauffeurs, der meine Panik bemerkte, war es zu verdanken, dass ich dieser Einladung noch entrinnen konnte.

Meinen Aufenthalt in Salzburg hatte ich der Londoner Society-Lady Eva O'Neill zu verdanken, die sich in den Kopf gesetzt hat, Salzburg ein wenig das mondäne Flair vergangener Jahre zurückzuschenken, und die zu diesem Zweck gemeinsam mit dem schwerreichen Mäzen Donald Kahn jährlich das «Amadeus-Weekend» veranstaltet. Dazu lädt sie Granden der Gesellschaft à la Flick und Aga Khan in die Mozartstadt und verwöhnt sie mit einem Wochenende, bei dem sich Konzerte und Opernaufführungen mit Cocktail- und Dinnerpartys abwechseln.

Das Programm war perfekt organisiert, und so konnte ich nicht verstehen, warum einige der Gäste das ganze Wochenende mit versteinerter Miene herumliefen und scheinbar ungerührt von der dargebotenen Schönheit blieben. Bis ich feststellte, dass sich im Gefolge der elitären Reisegruppe eine Hautärztin befand, die, wie sie mir verriet, mit einem Ambulanzkoffer voller Botox-Falten-weg-Spritzen angereist war. Früher war es so, dass sich die Damen der Gesellschaft nachmittags zu einem

Schönheitsschlaf zurückzogen, heute lässt man sich lieber ein bisschen Nervengift ins Gesicht spritzen, um wieder frisch auszusehen. Da bestimmte Gesichtsmuskeln durch Botox gelähmt werden, wirken die so Behandelten dann ein wenig versteinert.

Bei einem der Mittagessen saß ich neben der Frau meines Lieblings-Bundestagsabgeordneten Calle von Bismarck, Gräfin Nathalie. Sie erzählte mir, dass sie eine Haute-Couture-Linie für Babys entworfen habe. Für Kinder ab dem zweiten Lebensjahr könne man ja die tollsten Sachen finden, etwa bei Baby Dior, aber für Säuglinge gebe es nichts dergleichen. So müssten Babys in St. Moritz zum Beispiel ganz ohne geeignete Pelze auskommen. Diese Marktlücke werde sie nun mit ihrer Marke Bébé Marionnette schließen. Leider hatte ich mir zuvor kein Botox spritzen lassen, und so konnte ich meine Verwirrung über diesen Irrsinn nur schlecht kaschieren.

Todessehnsucht in Mailand

Komme gerade aus Mailand. Dort fand die Modewoche statt. Der erste Höhepunkt meines Aufenthaltes war, dass ich auf der Viale Piave um ein Haar von Anna Wintours Chauffeur überfahren wurde. Die Chefin der amerikanischen *Vogue* saß im Fond eines schwarzen Mercedes, trug Sonnenbrille (obwohl es grau und regnerisch war) und wurde vom plötzlichen Bremsen fast gegen den Vordersitz geschleudert. Ihr Fahrer war so freundlich, das Fenster der Limousine herunterzulassen, um für das nur knapp vermiedene Tötungsdelikt um Verzeihung zu bitten. Ich rief ihm zu, dass, wenn ich schon überfahren werde, dann am liebsten von ihm. Ich meinte das ernst. Man sollte als Snob darauf achten, wie man endet. Von einer Straßenbahn überrollt zu werden ist zum Beispiel völlig indiskutabel. Aber von Anna Wintour überfahren zu werden, hat schon was.

Im Metropol auf der Viale Piave, einem ehemaligen Kino, hatte soeben die große Dolce & Gabbana-Modeschau stattgefunden. Ich war mit Naomi Campbell verabredet. Was genau der Gegenstand meines Gesprächs war, möchte ich nicht verraten. Ich wurde in einen Raum geführt, dessen Teppich aus schwarzem, flauschigem Kunstfell bestand, die Wand war aus schwarzem Lack, an der Decke hingen riesige Kronleuchter, im Hintergrund lief die Titelmusik von *Goldfinger*.

Naomi Campbell sitzt vor einem hell beleuchteten Spiegel, wird von zwei Visagisten geschminkt, während eine dritte Person an ihren Haaren zupft. Nach einer herzlichen Begrüßung («I just saw both your sisters at the Prince concert in London») setze ich mich neben sie. Vor ihr steht ein riesiger Teller mit Erdbeeren. In der Hand hält sie ein Blackberry, auf dem Schminktisch liegen zwei weitere Mobiltelefone. Eines der Telefone klingelt eigentlich fortwährend, alle paar Minuten schreibt sie (sehr diskret und behände) SMS-Nachrichten (eine davon übrigens an Victoria Beckham). Wir unterhalten uns ein Stündchen. Nur so viel möchte ich hier einmal festhalten: Naomi ist absolut reizend! Ich kann mir überhaupt nicht erklären, warum sie als Inbegriff der Zicke gilt.

Vielleicht ist es einfach so, dass wir – die Öffentlichkeit – für das gesellschaftliche Theater, das wir in den Klatschseiten täglich zu unserem Vergnügen konsumieren, Figuren brauchen, denen wir gewisse Eigenschaften zuschreiben – ob sie nun stimmen oder nicht.

Es ist wie beim Kasperletheater. Es gibt den trotteligen Polizisten, den klugen Kasperl, die liebe Großmutter, den bösen Räuber. Wir wollen nicht, dass der Räuber plötzlich nicht mehr böse und die Großmutter nicht mehr lieb ist. Wir wollen die Figuren genau so, wie wir sie kennen.

Ich verließ Mailand übrigens mit sämtlichen Handynummern von Naomi. Sie sagte, dass sie alle ihre Nummern habe ändern müssen, nachdem Paris Hilton ihr Handy verloren hatte. Wildfremde Menschen aus China, aus Indien hätten sie plötzlich mit Anrufen terrorisiert.

Ich werde sie natürlich niemals anrufen. Von meinem verstorbenen Schwager Johannes von Thurn und Taxis habe ich einen klugen Satz gelernt: «Don't touch what you can't afford!»

Die Kunst der Konversation

Vergangene Woche war ich bei Canrong Ma, dem chinesischen Botschafter, zu einem Abendessen in dessen Residenz in Berlin-Grunewald eingeladen. Für mich war dieser Abend eine Herausforderung. Wie schafft man es, zwei Stunden jedes interessante Thema zu umschiffen? Selbst so banale Themen wie der Transrapid erübrigten sich, da die Chinesen zu höflich sind, um darauf hinzuweisen, dass dieses Glanzstück deutscher Technologie nicht immer so funktioniert, wie sich das die Ingenieure wünschen. Interessant, aber für jenen Abend ebenfalls ungeeignet war die Erörterung der Frage, ob es ein Handicap für den wirtschaftlichen Aufschwung Chinas ist, dass das Wirtschaftswachstum auf Kosten des Volkes geschieht. Mangelnder Respekt vor den Arbeitern ist der Stabilität und Prosperität des Landes nicht wirklich zuträglich. Neulich sah ich eine Anzeige des *Time*-Magazins, die die Haltung von uns Europäern in dieser Frage auf den Punkt brachte. Man sah ein Kind, das in einer Schuhfabrik schuftet. Daneben die Zeilen: «Ist das moralisch? Ist das legitim? Gibt's die in Größe 42?» Wir jedenfalls verbrachten zwei Stunden, in denen wir ausschließlich über das köstliche Essen sprachen. Besonders die Spezialität «faule Eier», die so schmecken wie sie heißen, wurde von den routinierten deutschen Gästen in den höchsten Tönen gelobt. Glücklicherweise ging der Gesprächsstoff nicht aus: Es wurden etwa zwanzig Gänge serviert.

High Life auf hoher See

Wir befinden uns im Hafen von Saint Tropez. Die Milliardärin Denise Rich hat fünfhundert ihrer allerengsten Freunde (von denen sie naturgemäß nur einen Bruchteil beim Namen kennt) zu einer Party an Bord ihrer Jacht Lady Joy eingeladen. Naomi Campbell ist da, Ivana Trump, Joan Collins, Adnan Kashoggi, Diana Ross, Ruth Westheimer, Don Johnson. Das deutsche Kontingent wird von Lilly Sayn-Wittgenstein (Ex-Schaumburg-Lippe) angeführt. Es verspricht ein vergnüglicher Abend zu werden. Mitten drin ein braungebrannter Mann mit Halbglatze, so Mitte 70, in einem kirschroten, bis zum Bauchansatz geöffneten Seidenhemd. Bis auf die knapp Dutzend jungen und mitteljungen Damen, die ihn wie ein Mottenschwarm umschwirren, scheinen die wenigsten hier die leiseste Ahnung zu haben, dass es sich bei dem älteren Herren um niemand Geringeren als Marc Rich handelt. Dass dieser Mann sich unter das feiernde Volk mischt ist, eine kleine Sensation! In den Achtzigern stieg er zum weltweit bedeutendsten Öl- und Rohstoffhändler auf und gilt seit Jahren als unsichtbarster Milliardär der Welt, als Meister des Versteckspiels. Er stand, muss man wissen, wegen ein paar nicht ganz sauberen Geschäften mit Iran und Libyen auf der amerikanischen Fahndungsliste. Eine der letzten Amtshandlungen Bill Clintons war, Marc Rich zu begnadigen. Zu verdanken hat er dies angeblich der Intervention der israelischen Regierung (wie es heißt, genießt Rich seit Jahrzehnten das Wohlwollen des Mossad). Andere sagen, er verdanke die Begnadigung ausschließlich seiner Frau Denise, seiner Exfrau genauer gesagt, der heutigen Gastgeberin, einer Freundin Hillary Clintons. Über die Zahl der Nullen auf ihrem Scheck, mit dem Clintons Milde erwirkt wurde, gehen die Meinungen auseinander.

Die Party an Bord der Lady Joy kann man getrost als «ausgelassen» bezeichnen, die Mengen an berauschenden oder verschreibungspflichtigen Substanzen, die an dem Abend konsumiert werden, sind beachtlich. Denise Rich hat in ihrer vorausahnenden Weisheit ihre Schlafkabinen für die Gäste verschlossen und einen Wachposten davor postiert. Und sie hat, damit die Damen mit Stöckelschuhen an Bord herumstaksen können, das gesamte Oberdeck mit dicken Teppichen auslegen lassen. Doch – und das ist ja immer wieder das Ernüchternde am Jet-Set-Leben – man wird das Gefühl nicht los, dass irgendwo anders noch Spektakuläreres geschieht, man irgendwo irgendetwas zu verpassen droht. Einer der Kellner erzählt, er habe bis vor kurzem als Stewart an Bord der Luxusjacht eines Russen gearbeitet, was er dort erlebt habe, lasse dies hier wie einen Kindergeburtstag erscheinen. Bei einer der Partys an Bord habe der Oligarch seinen aus Moskau angereisten Freunden seine neue Frau vorstellen wollen. Er präsentierte sie zum Cocktail vor dem Dinner, indem er sie an einer Leine auf allen vieren neben sich herkriechen ließ – und zwar komplett in einem schwarzen Sado-Maso-Outfit, mit Kette um den Hals. «Darf ich vorstellen ...» Zu späterer Stunde, als der Abend langweilig zu werden drohte, seien die Gäste dazu übergangen, den angeheuerten Musikern die Instrumente zu entreißen, diese über

Bord zu werfen, schließlich sei man dazu übergegangen, welch origineller Spaß, 500-Euro-Scheine zu verbrennen, deren Asche die Angestellten später unter lautem Gelächter der Gäste aufkehren mussten.

Die Russen. Wie überall an der Riviera sind sie das Gesprächsthema Nummer eins. Ein Russe kaufte – für eine halbe Milliarde Euro – diesen Sommer die legendäre Villa Leopolda, die sich der «Schlächter vom Kongo», König Leopold II. von Belgien, einst in Villefranche-sur-Mer bauen ließ und zuletzt Lily Safra gehörte (der Witwe des von seinem Krankenpfleger in seiner Wohnung in Monte Carlo ermordeten libanesischen Milliardärs Edmond Safra). Ein Russe war es auch, der dem geizigen Rupert Murdoch zum Verdruss seiner Frau Wendy – mitten während der Hochsaison – so viel Bargeld hinblätterte, dass dieser heuer auf seine geliebte Jacht Rosehearty verzichtete. Und ebenfalls ein Russe war es, der dem amerikanischen Venture Capitalist Tom Perkins sensationelle 80 000 Euro pro Tag (!) zahlte, um sich dessen sagenhaftes, vollautomatisiertes Segelschiff Maltese Falcon für zwei Wochen ausleihen zu dürfen – und dann das Schiff dekadenterweise nur ganze vier Tage nutzte, weil es ihm und seiner Familie so gut im Hotel du Cap in Cap d'Antibes gefiel.

Ab einer gewissen Vermögensklasse scheint das Gefühl, über ein Schiff verfügen und gegebenenfalls die eine oder andere Party an Bord schmeißen zu können, wichtiger zu sein als das Bedürfnis, dieses tatsächlich für den ursprünglichen Zweck – die Fortbewegung – zu nutzen. Viele Jachteigner, besonders die nicht sonderlich seetüchtigen, schicken ihre schwimmende Paläste von Hafen zu Hafen, steigen für ein paar Tage in einem

Hotel oder einer gemieteten Villa ab und reisen selbst mit dem Helikopter hinterher.

Was genau ist es eigentlich, dass Schiffsreisen für die High Society so begehrlich macht? Vielleicht ist es ja der uralte Wunsch der Superreichen, niemals auf die Annehmlichkeiten des eigenen Palastes verzichten zu müssen – und trotzdem unterwegs sein zu können. Oder ist es die tief in der Psyche der Superreichen verankerte Sehnsucht, sich unsichtbar machen zu können? Der sechste Herzog von Somerset, der im frühen 18. Jahrhundert als der reichste Mann Englands galt, pflegte, wenn er in seiner Kutsche unterwegs war, mit einer berittenen Vorhut zu reisen, die alle Menschen von der Straße scheuchte, bevor seine Kutsche den Weg passierte. Die Maharani von Baroda wurde auf Ausflügen einst von Leibwächtern begleitet, die den Bettlern auf den Straßen befahlen, in eine andere Richtung zu blicken, wenn die Maharani vorbeiritt. Wer in diesen Tagen mit seiner Jacht in Saint-Tropez festgemacht hat – und von der Masse der Schaulustigen genug hat, die sich am Kai drängeln, muss seinem Kapitän nur ein Zeichen geben – schon werden die Anker gelichtet, schon verschwindet man mit seinem zu Wasser gelassenen Palast in den Weiten des Meeres.

Es gibt natürlich auch jene, die es regelrecht auskosten, sich auf dem Achterdeck zur Schau zu stellen, und die die gigantischen Instandhaltungskosten für eine Jacht erst dann für amortisiert erachten, wenn sich Neugierige vor dem eigenen Boot drängen, um aus nächster Nähe Zeuge des Dolce Vita an Bord zu werden. In diese Kategorie Superreiche gehörte einst Adnan Kashoggi. Der Verfasser dieser Zeilen hatte einmal das Vergnügen, ein paar Tage an Bord seines Schiffes zu verbringen. Heutzutage würde die Nabila mit ihren knapp 86 Metern Länge in Häfen wie Porto Cervo kaum noch Beachtung finden – damals galt sie als spektakulärste Jacht der Welt. Das Hauptvergnügen für Adnan bestand darin, sich an den Menschenaufläufen zu erfreuen, die ein Anlegemänover mit der Nabila regelmäßig verursachte.

Ein noch legendäres Schiff der High-Society-Historie ist die Christina O. Ursprünglich war sie eine Fregatte der kanadischen Marine, 1954 wurde sie von Aristoteles Onassis erworben und in ein schwimmendes Lustschloss umgewandelt. Heute gehört sie einer Besitzergemeinschaft, die das Boot für schlappe 500 000 Euro pro Woche verchartert. Sie wurde 2001 generalüberholt, hat eine 30 Mann starke Mannschaft an Bord, darunter einen Drei-Sterne-Chefkoch und einen im Londoner Ritz ausgebildeten Chefbutler. Die Christina O. war einst die erste Luxusjacht mit integriertem Swimmingpool – eigentlich ja eine Absurdität an Bord eines Schiffes. Aber nicht absurder als die Barhocker, deren Leder – so die Legende – aus Walfischvorhaut gefertigt wurde. Das Schiff, auf dem Onassis einst Elizabeth Taylor und Richard Burton zu deren Flitterwochen einlud und auf dem Winston Churchill und Frank Sinatra in der beliebten maritimen Sportart des «Sich-ab-dem-frühen-Nachmittag-Volllaufenlassens» brillierten, wird heute gerne von Stars wie Madonna, Oliver Stone und Johnny Depp gechartert – was für deren Geschmack spricht, denn sie ist mit ihrem Retro-Schick und der Geschichte unter Bug eigentlich immer noch die eleganteste Motorjacht der Welt.

Es gibt, abgesehen von Segeljachten – die in puncto Eleganz in einer ganz anderen (höheren) Liga spielen –, nur zwei

Schiffe, die mit der Christina O. mithalten können: die Talitha G. und die Savarona. Die Talitha G. gilt als die große alte Dame in der Riege der Milliardärsjachten. In den zwanziger Jahren in Deutschland gebaut, geriet sie über Umwege in den Besitz des milliardenschweren Philanthropen Sir J. Paul Getty Jr., der sie nach seiner zweiten Frau Talitha Pol taufte und im Stil eines englischen Landhauses (komplett mit rustikalem Kamin und Clubledersesseln) einrichten ließ. Heute gehört sie der Familienstiftung der Gettys, sie wurde 1993 generalüberholt und kann für 300 000 Euro pro Woche gechartert werden. Allerdings nicht von jedermann. Die Getty-Stiftung lässt sich von Interessenten gerne Lebenslauf und Bonitätsbelege schicken, bevor sie die Familienjacht hergibt. Tom Cruise ist es aber zum Beispiel schon gelungen, die Getty'sche Sicherheitsprüfung zu überstehen, so streng scheinen die Kriterien also nicht zu sein.

Ein weiteres Schiff für See-Snobs ist die Savarona. 1931 in Hamburg erbaut, gehörte sie einst Emily R. Cadwallader, der Enkelin des Erbauers der Brooklyn Bridge, und ist heute im Besitz des türkischen Milliardärs Kahraman Sadikoglu. 17 prachtvolle Salons, 39 Kabinen, Platz für eine knapp 50-köpfige Besatzung, kein Helikopterlandeplatz, dafür mit zwei Titanic-artigen Schornsteinen. Für 280 000 Euro pro Woche kann man sie chartern. Vergangenes Jahr leistete sich Valentino das Vergnügen. Am Ende der Reise musste die antike Klimaanlage ausgewechselt werden. Der Modezar hatte sie rund um die Uhr, übrigens zum Missvergnügen seiner schlotternden Gäste, auf Maximum laufen lassen. Er möchte nämlich auch bei über 30 Grad im Schatten nicht auf seine geliebten Kaschmir-Pullover verzichten.

Sollten Sie es sich gerade mit einem Glas Rosé auf dem Achterdeck einer Jacht bequem gemacht haben, muss ich an dieser Stelle allerdings etwas zur Sprache bringen, was der geneigte Leser womöglich für taktlos halten wird. Aber es muss einfach mal gesagt werden: So exklusiv, wie immer alle tun, sind Jachten heutzutage längst nicht mehr! Die Zeiten, in denen man Stahlbaron oder Öltycoon sein musste, um den urlaubenden Massen auf schwimmenden Palästen zu entkommen, sind längst passé. Heute können sich solche Späße schon Fußballer und Schauspieler leisten. Dazu kommen all die Neo-Neureichen aus Indien und Russland. Vor zehn Jahren wurden weltweit gerade mal zweihundert Jachten gebaut, die länger als 25 Meter waren. 2007 waren es schon fünfmal so viele. Die Nachfrage nach Luxusjachten ist in den vergangenen Jahren derart explodiert, dass das größte Problem, das in diesem Sommer die Jachteigner plagt, der Mangel an Bordpersonal ist. Es gibt schlicht sehr viel mehr Jachten als ausgebildete Kapitäne und Boots-Ingenieure!

Für die wirklich Super-Superreichen wird es immer schwieriger, sich von der Unterklasse der nachrückenden Neureichen, die sich in diesen Tagen auf dem Mittelmeer drängen und die Marinas verstopfen, abzuheben. In der Jenseits-von-Gut-und-Böse-Luxus-Kategorie, also bei Jachten in Kriegsschiff-Dimensionen von 100 Metern aufwärts, hat daher bei Milliardären ein regelrechter Wettlauf eingesetzt, sich gegenseitig durch spektakuläre Neuerwerbungen auszustechen. Die Araber, die lange Zeit den Markt der Superjachten dominierten, sind inzwischen von amerikanischen Software-Milliardären und russischen Oligarchen abgehängt worden. Die drei größten

Jachten der Welt (Dubai, Abdul Aziz und Al Salamah) gehören orientalischen Herrschern, aber bei Jachten im Besitz von Privatleuten – also nicht Monarchen – führen inzwischen die Amerikaner. Der Wahnsinn nahm seinen Anfang, als vor fünf Jahren bei Lürssen in Bremen die Octopus des Microsoft-Mitgründers Paul Allen vom Stapel lief – mit einer für Privatjachten neuen Rekordlänge von 126 Metern. Zu den Annehmlichkeiten an Bord gehören ein Schwimmbad, ein Basketball-Feld, ein Tonstudio, ein Hangar mit darin geparktem Helikopter, der ganze Stolz Paul Allens ist aber das Privat-U-Boot, das von einer Dr. Nemo-haften Dockingstation im Unterdeck ins Wasser gelassen werden kann (allerdings haben mir Gäste, die an Bord waren, versichert, dass dieses Hightech-Spielzeug ständig irgendwelche Macken hat). Wenn Allen auf seiner Jacht große Feste gibt, mischt er sich, da er im gesellschaftlichen Umgang ungelenk ist, meist unter die Musiker der angeheuerten Bands und spielt Gitarre. Das ist der beste Weg, um seinen Gästen aus dem Weg zu gehen, von denen er die wenigsten kennt.

Als die Octopus bei Lürssen im Bau war, erfuhr der Gründer von Oracle, Larry Ellison, dass Paul Allens Schiff die sagenhafte 400-Fuß-Marke durchbrechen werde. Sein neues Schiff, die Rising Sun, war aber nur für eine Länge von 120 Metern (393,5 Fuß) konzipiert. Also ließ er den Bau an der Rising Sun stoppen – und gab Anweisung, das Schiff noch einmal um fast zwölf Meter zu verlängern. Der Stapellauf verzögerte sich dadurch um fast ein Jahr. Als die Rising Sun 2004 vom Stapel lief, hatte sie eine Länge von 454 Fuß (138 Metern). Der Triumph, die größte Privatjacht der Welt zu besitzen, wird ihm aber schon sehr bald abhandenkommen, denn spätestens Mitte 2009 soll bei Blohm+Voss in Hamburg eine Jacht vom Stapel laufen, die alles bisher Gesehene in den Schatten stellen wird: Roman Abramowitschs Eclipse. Sie soll angeblich knapp 170 Meter lang sein und neben dem fast schon üblichen Schnickschnack (Schwimmbad, Fitnessstudio, Diskothek, Saunalandschaft) über zwei Helikopterlandeplätze verfügen, und außer einem U-Boot noch drei weitere «Launch-Boote» mit sich führen. Darüber hinaus soll die Eclipse angeblich einen voll ausgestatteten Operationssaal und ein Raketenabwehrsystem besitzen. Das Ganze in einem überaus schlanken, eleganten Design (verantwortlich dafür: Terence Disdale), das so manche bislang bewunderte Protzriesen wie die Dubai des Scheichs von Dubai wie überdimensionale, schwimmende Moulinex-Küchengeräte aussehen lassen wird.

Der Ehrgeiz, unbedingt «die Größte» zu besitzen, bringt für die Milliardäre allerdings Nachteile mit sich. Die Luxusjachten haben inzwischen eine Größe erreicht, die es ihnen unmöglich macht, in Jachthäfen festzumachen. Die Nabila Adnan Kashoggis, die in den neunziger Jahren als Nonplusultra galt, passte mit ihren knapp 86 Metern Länge immerhin noch in hübsche Jachthäfen wie den von Saint-Tropez und sorgte bei Anlegemanövern dann zuverlässig für großes Tamtam. Die Megajachten der neuen Generation sind so gigantisch, dass sie entweder im Meer vor Anker gehen oder in hässlichen Industriehäfen neben verrosteten Öltankern aus der Ukraine festmachen müssen. Mancher Besitzer einer solchen Megajacht hat inzwischen auch entdeckt, dass er so viel schwimmende Quadratmeter weder braucht, noch wirklich mag, weil – auch dank der immer effizienteren, computergesteuerten Stabilisa-

Das Land der Träume

toren – das martitime Erlebnis, das Gefühl auf hoher See zu sein, vollkommen flöten geht.

Das eigentliche Hauptproblem riesiger Jachten sind aber weder fehlende Bootsromantik, noch Personalmangel und schon gar nicht die hohen Kosten für Diesel und Instandhaltung, sondern: die Gäste. Als Larry Ellison im vergangenen Jahr seinen zweiten Sommer auf seiner Rising Sun absolviert hatte, gestand er einem Freund später, dass er und seine Frau sich auf dem Riesenschiff (fünf Decks, 82 Gästekabinen, 8000 Quadratmeter Wohnfläche) manchmal so vorkämen wie die Besitzer eines riesigen Hotels, dem die Gäste fernbleiben. Wie soll man so einen Riesendampfer als Privatmann voll kriegen? Die interessantesten potenziellen Mitreisenden, also Gäste der A-Kategorie, kommen für Einladungen nicht in Betracht: Sie verfügen selbst über prächtige Schiffe oder Feriendomizile und haben ebenfalls ihre liebe Mühe, diese mit Leben zu füllen. Die Gäste der B-Kategorie (Schauspieler, Popstars, Topmodels) sind im Sommer meist schon verplant. Bleibt also nur noch die C-Kategorie, jene stets verfügbare Gruppe der hauptberuflichen Gäste. Wenn man Leute nach dem «Rent-a-Guest»-Prinzip an Bord holt, darf man aber dann auch nicht erwarten, dass sie sich als besonders anregende Gesprächspartner eignen. So wurde eine Dame, die von einem Jachtaufenthalt zurückkehrte, der sie vom Mittelmeer ins Schwarze Meer geführt hatte, gefragt, ob sie die Dardanellen gesehen habe. Ihre verblüffende Antwort: «Ja klar! Bei denen waren wir natürlich auch eingeladen. Sie sind übrigens ganz reizend.»

Bier Royal

Von Englands Prinz Harry ist kürzlich ein Video aufgetaucht, das ihn bei einem Saufspiel zeigt: beim Wodka-Schnupfen. Auf den verwackelten Bildern sieht man, wie er – angespornt von seinen Saufkumpanen – die hochprozentige Flüssigkeit erst durchs rechte und dann durchs linke Nasenloch zieht. So gelangt der Alkohol direkt ins Blut, unter Umgehung der Leber. Eine nicht ganz ungefährliche Praxis. Das kann zum Kreislaufkollaps führen. Kurz gesagt: Englands Partyprinz sollte zur Oktoberfestzeit nach München kommen! Wie es die Wiesn-Society hier krachen lässt – Harry würde vor Neid erblassen.

Noch bevor die Wiesn überhaupt eröffnet ist, am Samstag um Punkt 12 Uhr mittags, hat sie für Münchens Schickeria längst begonnen. Die Gäste, die sich um 10 Uhr morgens beim Juwelier Tiffany in der Perusastraße einfinden, wo jedes Jahr die exklusivste aller Vor-Wiesn-Partys steigt, sehen jedenfalls so aus, als hätten sie nicht viel Schlaf erwischt.

Helmut von Finck, der Millionär und Galopprennstallbesitzer, wirkt ein wenig mitgenommen. Enno von Ruffin flirtet beseelt mit jedem Mädchen im Dirndl, das sich in die Nähe seiner Aura wagt (einschließlich seiner langjährigen und inzwischen von ihm getrennt lebenden Ehefrau Vicky Leandros). Nur Fürst Alexander zu Schaumburg-Lippe, genannt «Schaumi», und seine Frau Nadja haben Wichtigeres zu tun. Sie entfernen sich von der langsam in Stimmung kommenden

Gästeschar, um für die Fotografen zu posieren und Interviews zu geben. So erfährt die Welt, dass Nadja ein Dirndl der Firma Schatzi trägt.

Endlich ertönt um halb 12 das erlösende Signal, dass nun vor dem Hotel Bayerischer Hof die Busse zur Abfahrt auf die Theresienwiese bereitstehen. Den Einsteigenden wird noch rasch Schnaps gereicht, damit die zehnminütige Busfahrt, bei der man ohne Alkohol auskommen muss, nicht allzu ernüchternd wirkt.

Für die Gäste von Tiffany sind im Schützenfestzelt drei VIP-Boxen reserviert. Dort ist es eng, es stinkt, es ist laut – mit anderen Worten: Es ist großartig. Aber es ist offenbar immer noch nicht eng genug, denn immer wieder öffnen einzelne Gäste einen der Notausgänge, um junge Damen, die ihre Dekolletés liebreizend gegen die Fenster pressen, hereinzulassen. Wenn man sich nicht gegen die Enge wehrt und sich von der Alkoholwelle mitziehen lässt, verschmilzt man mit der lachenden, singenden, leicht bitter riechenden Masse. «Oide, du host fei an saubern Rausch in der Fotzen», ruft das Münchner Urgestein Helmut Bernegger-Finck, genannt «Finki», fröhlich einer norddeutschen Baronesse zu und ahnt nicht, dass sie – obwohl sie Dirndl trägt – keine Bayerin ist und kein Wort versteht. Sie hält das Gesagte für eine schwere Beleidigung und wendet sich entsetzt ab. Dabei sagte er nur – frei übersetzt: «Respekt, junge Dame, wie Sie Ihr Bier genießen.»

Gegenüber im Käfer-Zelt geht es, zumindest im direkten Vergleich, etwas gesitteter zu. Hier heißt das Motto der Party «Almauftrieb». Man sieht Günter Netzer und Boris Becker, Veronica Ferres und Maximilian Schell. Während es für die Wiesn-

Liebhaber im Schützenzelt jetzt darauf ankommt, möglichst schnell betrunken zu werden und Hemmungen abzubauen, um dann in ein wiegendes Dekolleté zu grapschen, haben jene, die zur Wiesn-Eröffnung ins Käfer-Zelt kommen, ganz andere Prioritäten: sehen und gesehen werden. Beziehungsweise: fotografiert werden.

Etwa drei Dutzend Fotografen drängeln sich um den Tisch mit Boris Becker, der weise genug war, sich nicht in Trachtenjanker und Lederhosen als Bayer zu verkleiden. Vor ihm steht eine hübsch dekorierte Brotzeitplatte (Obazda, Radi, Wurst, Radiesln, Schnittlauchbrote). Die Fotografen, die Boris Beckers Gefährtin anbrüllen, sie solle näher an Boris ranrücken, meinen es nicht böse. Sie wollen einfach ein gutes Foto. Erst als sich Dieter Bohlens ehemalige Freundin Estefania dazudrängt und die Wangen des Stars aus Leimen zwischen zwei ansehnlichen Oberweiten eingezwängt werden, haben sie ihr gewünschtes Motiv und ziehen wie ein Schwarm hungriger Heuschrecken zum nächsten Tisch weiter.

Sie erbarmen sich sogar des ehemaligen SPD-Vorsitzenden Rudolf Scharping und fotografieren ihn mit seiner Frau Kristina, die kurzzeitig mit einem Grafen verheiratet war und sich seither hartnäckig Gräfin Pilati nennt. Auch Schaumi und Nadja haben sich inzwischen eingefunden, geleitet von dem sicheren Instinkt, dass das Käfer-Zelt der bessere Ort ist, um fotografiert zu werden.

Geschlossene Gesellschaft

Die besten Partys sind die, von denen niemand weiß. Karl-Erivan Haub, der Eigentümer des Einzelhandelskonzerns Tengelmann, lud neulich in Berlin zu einer Cocktailparty ein und wählte als Ort des Geschehens nicht, wie das sonst die Leute tun, wenn sie hier zu einem Fest einladen, das Foyer eines Museums oder den Ballsaal eines Hotels, sondern: einen seiner Supermärkte. Die Berliner, die Mittwoch vergangener Woche nach Feierabend noch ein paar Lebensmittel einkaufen wollten und plötzlich mit dem Hinweis auf eine «Geschlossene Gesellschaft» nicht wie gewohnt in ihr Kaiser's Kaffee-Geschäft am Potsdamer Platz eingelassen wurden, staunten nicht schlecht, als sich dreihundert soigniert gekleidete Damen und Herren an ihnen vorbeidrängten, um für den Rest des Abends zwischen Tiefkühlpizza- und Babykostregalen zu feiern. Haub hatte für den Abend zwar einen Feinkostservice engagiert, es gab also genug zu essen für alle, dennoch empfanden es die Gäste als beruhigend, dass man sich im Falle eines Engpasses über eingeschweißte Fleischwaren hätte hermachen können.

Besonders reizvoll an diesem gesellschaftlichen Ereignis war aber nicht nur die *Location*, wie man auf Partydeutsch sagt, sondern der Umstand, dass es vollkommen im Geheimen, also unter Ausschluss der Presse stattfand. Der Abend im Kaffee-Geschäft war Teil des gesellschaftlichen Rahmenprogramms einer – ebenfalls unter Ausschluss der Öffentlichkeit abgehaltenen – Tagung von Unternehmern, deren Firmen allesamt in Familienbesitz sind. Recht putzig an dieser Tagung war, dass jeder der Teilnehmer ein Gerät in die Hand bekam, das wie ein kleiner Palm-Computer aussah, in Wirklichkeit aber eine Art Menschenradar war. In den Namensschildern aller Tagungsteilnehmer befanden sich kleine Mikrochips, die Signale von sich gaben. So konnte man, wenn man das Gerät zur Hand nahm, nachsehen, wer sich in unmittelbarer Nähe befand, also: «0–3 Meter: Reinhard Zinkann, Liz Mohn; 3–5 Meter: Christiane Underberg, Franz Markus Haniel, Katrin Haub, Florian Langenscheidt.» Ich hoffe, die Benutzung dieses Geräts macht Schule, denn damit wird das Hauptproblem jeder Cocktailparty («Das Gesicht kenn ich doch, wer ist das nochmal?») für immer aus der Welt geschafft.

Der «Family Business Network Summit», so lautete der Name der konspirativen Zusammenkunft in Berlin, bot den Unternehmern Gelegenheit, Gedanken und Erfahrungen zu heiklen Themen wie Erbschaftssteuer oder «Wie gehe ich mit widerspenstigen Familienmitgliedern um?» auszutauschen. Essenziell dafür war, «unter sich» zu sein und somit offen über Probleme sprechen zu können. Und das ist eben nur gewährleistet, wenn keine Presse anwesend ist.

Was wieder einmal zeigt, was die Crux meines Genres, der Gesellschaftsberichterstattung, ist. Es gibt, grob gesagt, zwei Arten von gesellschaftlichen Ereignissen: die wirklich interessanten Zusammenkünfte, die für die Öffentlichkeit unsichtbar sind, ein großes Geburtstagsfest im Hause Oetker oder Quandt etwa. Und die potemkinschen Partys, deren Sinn und Zweck es ist, in den Klatschspalten vorzukommen, die aber nur gesellschaftliches Leben simulieren – weil sie in Wahrheit reine PR-Veranstaltungen sind, denen die Mitglieder der wirklichen Gesellschaft fernbleiben. Selbst gesetzt den Fall, ein Karl-Erivan Haub oder Franz Markus Haniel oder Stefan Quandt würde bei einer dieser Schein-Partys auftauchen – kein Fotograf würde sie erkennen, weil sich die Gesellschaftsberichterstattung mit den Bohlens abgefunden hat und sich für die eigentliche Oberklasse gar nicht mehr interessiert.

Für die Reichen und Mächtigen hat das den Vorteil, dass sie sich zu den *invisibles,* den Unsichtbaren, zählen dürfen. Die Soziologie erfand den Begriff *invisibles* für jene am untersten Rand der Gesellschaft, da sie von uns, wenn wir durch unsere Städte gehen, nicht wahrgenommen werden, wie sie in ihren Pappkartons hausen. Was noch aussteht, ist die soziologische Würdigung der Tatsache, dass jene am obersten Rand der Gesellschaft ebenso *invisible* sind.

Es lebe der Klassenunterschied

Neulich war ich zu einer Party in München eingeladen. Dazu nur so viel: Wenn ich auf ein Fest komme und Fotografen sich dazu veranlasst sehen, mich zu fotografieren, ist das ein sicheres Zeichen dafür, dass die Gästeliste recht armselig ist und ich auf dem Absatz kehrtmachen kann. Wissen eigentlich Leute, die auf schlechte Partys gehen, wie sehr sie damit ihren gesellschaftlichen Status untergraben? Man kann nicht eindringlich genug von B-Partys abraten, denn es ist nicht nur so, dass man dort nicht gesehen werden will, man offenbart damit ja auch, dass man am jeweiligen Abend keine bessere Einladung hat.

Die Reise nach München hat sich aber dennoch gelohnt, denn am Flughafen hatte ich Gelegenheit, das soziale Gefälle unter Flugzeugpassagieren zu studieren. Flughäfen sind ja in unserer egalitätsversessenen Welt so ziemlich der letzte Ort, an dem Klassenunterschiede nicht verwischt, sondern zelebriert werden. Die Reisenden der Businessclass bemühen sich, mit Wichtig-wichtig-Gesichtern beim Boarding ihre Überlegenheit über die Economy-Passagiere zu demonstrieren, werden aber, sobald sie an Bord sind, damit konfrontiert, dass sie in der Nahrungskette unterhalb der Inhaber der Senator-Card liegen, denen die erste Reihe im Flugzeug vorbehalten ist. Der am meisten umkämpfte Sitzplatz im Flugzeug ist Reihe 1, Platz A, der VIP-Platz. Auf dem Flug Berlin–München saß dort Barbara Rudnik, auf dem Rückflug Senta Berger.

Das Land der Träume

Diese Inhaber der Senator-Karte stehen auf der gesellschaft-lichen Skala wiederum unterhalb der Inhaber der schwarzen HON-Karte. Passagiere wie Bernd Eichinger, die für habituel-les First-Class-Langstreckenfliegen von der Lufthansa mit einer solchen Karte belohnt werden, müssen nicht mit Krethi und Plethi an Bord gehen, sondern werden vom VIP-Service des Flughafens in dunklen Limousinen direkt von der VIP-Lounge zum Flugzeug gefahren. Aber selbst jene «HONs» befinden sich im Vielfliegerkosmos gesellschaftlich allenfalls im Mittel-feld, denn über ihnen rangieren jene Reisenden, die nicht an Flugpläne und Sitzverfügbarkeiten gebunden sind, weil sie im Privatjet reisen. Und selbst hier gibt es endlose Status-Schat-tierungen. Da gibt es jene, die sich keinen eigenen Jet leisten, sondern sich diesen nur bei Bedarf mieten, etwa bei Netjets (wie Claudia Schiffer) – und solche, die ihr eigenes Flugzeug besitzen. Und hier geht das Statusspiel weiter. Die VW-Polos unten den Privatflugzeugen sind Kleinjets der Marken Eclipse oder Piper, der Rolls-Royce wäre dann eine Gulfstream V. Und selbst das kann getoppt werden, wenn man sich wie der Goo-gle-Gründer Larry Page oder der Sultan von Brunei ein aus-gewachsenes Passagierflugzeug zum Privatjet umbauen lässt.

Einmal interviewte ich Adnan Kashoggi, der in den acht-ziger Jahren als «der reichste Mann der Welt» galt. Er saß in sei-nem Privatflugzeug, einem Boeing-Business-Jet, am Londoner Flughafen Heathrow fest, weil ein Lastwagen die Heckflosse seiner Maschine beschädigt hatte, und ließ sich von mir, wäh-rend er auf ein Ersatzflugzeug wartete, befragen. Stolz zeigte er mir sein Spielzeug.

Die Teppiche in seinem Jet waren aus einem leuchtenden

Glasfasermaterial, der Esstisch verschwand per Knopfdruck und machte einem riesigen Panzerglasauge Platz, das einem während des Flugs den Blick auf die Erde unter sich gewährt. In seinem Schlafgemach stand ein Himmelbett mit Nerz-Überzug.

Plötzlich sah er durchs Fenster, wie ein anderer Privatjet auf seinen Stellplatz eingewiesen wurde – es war die neue Gulfstream V von Jimmy Goldsmith –, und Kashoggis gute Laune war dahin. Jimmys Flugzeug war größer und schöner, ganz in Weiß, mit einem breiten Strich in British Racing Green verziert, der sich von der Schnauze bis zum Heck zog. Auf der Heckflosse keine ordinären Initialen, wie bei Kashoggi, sondern das Abbild eines Skorpions. Kashoggi wollte das Interview abbrechen, begann aber dann, von den Vorteilen einer Boeing zu faseln. Es war klar, er wollte genau so ein Flugzeug wie Goldsmith haben. Das ist das Tröstliche an der Klassengesellschaft: Egal, wo auf der gesellschaftlichen Skala man sich befindet – *there is always a bigger fish.*

Das Land der Träume

Klatschhochburg Vatikan

Die Feierlichkeiten zum 80. Geburtstag von Benedikt XVI. haben mich zu einer Expedition in den Vatikan geführt. Als Katholik war ich eigentlich davon ausgegangen, es hier hauptsächlich mit sehr frommen Menschen zu tun zu kriegen. Rückblickend muss ich feststellen, dass ich selten mit so viel Klatsch und Tratsch konfrontiert gewesen bin wie in Rom. Wie bei jedem anderen Hofstaat dreht es sich auch hier hauptsächlich um eines: die Nähe zum Thron. Nur dass alles hier, auch die Boshaftigkeit, renaissancehafte Ausmaße hat. Je größer die Nähe zum Souverän ist, desto unnachgiebiger wird man von Höflingen angefeindet. Das war in Versailles so, das ist im Buckingham-Palast so, und das ist offenbar auch im Vatikan nicht anders.

Der Privatsekretär des Papstes, Don Georg Gänswein, ist die Hauptzielscheibe des Mobbings. Hinter vorgehaltener Hand wird er gerne abfällig «der Kaplan» genannt. Seine Freundschaft zum Papst, die Tatsache, dass er nicht nur dessen Büro leitet, sondern auch noch täglich eine Stunde mit Benedikt XVI. durch die Vatikanischen Gärten spaziert, um den Rosenkranz zu beten, scheint eine Quelle unendlicher Missgunst zu sein. Als ihn neulich ein Rom-Korrespondent auf den Spitznamen «George Clooney des Vatikans» ansprach, beging er den Kapitalfehler, offen von der «invidia clericalis», dem Neid unter Klerikern, zu sprechen. «Neid und Missgunst», sagte er geradeheraus, «sind Phänomene, die ich hier verstärkt wahrnehme. Das ist fatal, weil ich ja selber gar nichts dafür getan habe.» Kenner der vatikanischen Gegebenheiten, sogenannte Vaticanisti, haben mir glaubhaft versichert, dass das nicht sehr geschickt war, dass es hier äußerst gefährlich sein kann, die Dinge beim Namen zu nennen. Auch Ingrid Stampa scheint hier nicht nur Freunde zu haben. Jahrelang führte sie den Haushalt des Papstes, als dieser noch Kardinal war. Als Ratzinger dann auf den Stuhl Petri gewählt wurde, nahm er sie in den päpstlichen Haushalt mit, allerdings ohne wirklich eine Verwendung für sie zu haben, denn die Stelle der Haushälterin war dort schon besetzt. Jetzt arbeitet sie in der deutschen Abteilung des päpstlichen Staatssekretariats – doch ihre Nähe zum Papst ist geblieben, und genau dies macht sie, nach Gänswein, zur meistbeneideten Person im Vatikan. Ihr Einfluss auf den Pontifex ist gefürchtet, ihr Spitzname lautet daher: «Papessa», die Päpstin.

Auftakt und zugleich Höhepunkt der Feierlichkeiten für den Papst war die von ihm zelebrierte Messe auf dem Petersplatz. Die deutsche Politprominenz glänzte, wie nicht anders zu erwarten, entweder durch Abwesenheit oder durch unpassende Garderobe. Die Kleiderordnung für Ehrengäste lautet: schwarzes Kleid und Schleier für die Damen, Frack mit schwarzer Weste für die Herren. Karin Stoiber hielt sich an das Protokoll, ihr Mann Edmund erschien im Straßenanzug. Warum ist er nicht gleich in Badehose gekommen? Eine kleine, aber gerechte Strafe war, dass er auf dem Petersplatz um ein Haar verhaftet worden wäre: Vor der Messe schlich sich Stoiber von den Ehrenplätzen fort, um sich den angereisten bayerischen Pilgern zu zeigen. Als er wieder auf seinen Platz zurückwollte, fingen ihn zwei Sicherheitsleute ab – dass er nicht verhaftet wurde, war nur dem beherzten Eingreifen eines herbeigeeilten Schweizergardisten geschuldet, der ihn identifizierte. Am nächsten Tag fand das Festkonzert des Radio-Sinfonieorchesters Stuttgart zu Ehren des Papstes statt. Das Grußwort sollte eigentlich der baden-württembergische Ministerpräsident Günther Oettinger sprechen, doch der war zu Hause geblieben, um die Scherben einer missglückten Trauerrede für Filbinger aufzukehren, und ließ sich durch Minister Willi Stächele vertreten. Der hielt eine blasse Rede, die nur noch von jener des SWR-Intendanten Peter Voß unterboten wurde, der sich erdreistete, den Papst in einem fort als «sehr verehrter Herr Papst Benedikt» anzusprechen. Die Anrede «Eure Heiligkeit» ist in Deutschland dem Dalai Lama vorbehalten. Die meisten der anwesenden Festgäste (darunter Sophia Loren) haben – Gott sei Dank – kein Wort verstanden.

Rennbahn-Society

Andrew Balding hütet in seinem Handy einen wertvollen Schatz: die Direktdurchwahl zur Königin von England. Er ist der Galopptrainer des königlichen Rennstalls. Die Nummer ist unter dem Kürzel «HM» gespeichert. Das steht für «Her Majesty». Soeben hat er sie angerufen, um zu melden, dass ihr Hengst Banknote das Hauptrennen am zweiten Tag des Frühjahrsmeetings von Baden-Baden gewonnen hat. «She was very pleased.» Mit dem Sieg geht ein Preisgeld von 30 000 Euro einher. Im internationalen Galopprenn-Zirkus ist das ein recht bescheidener Betrag, aber ein Sieg in Baden-Baden ist mit sehr viel Prestige verbunden und bringt wertvolle Punkte im Rennkalender. Die wichtigsten Rennställe der Welt, jener der Queen oder auch der Stall Godolphin des Scheichs von Dubai, schicken deshalb hier ihre Pferde ins Rennen.

«Das hat aber auch damit zu tun, dass hier das Umfeld stimmt», erklärt mir ein Insider. Umfeld? «Na ja, das Boxendorf, die Ställe, die Trainingsbahn sind gepflegt, die Hotels sind erstklassig, und dann ist da ja noch die Villa Ascona.» Die Villa Ascona ist ein anscheinend vorzüglich geführtes, unter Jockeys beliebtes Bordell. Im Galoppsport zählt es zu den Standortvorteilen von Baden-Baden.

Unter den Freunden des Galopprennsports, die sich auf der Terrasse des Rennveranstalters, des Internationalen Clubs, eingefunden haben, um das Frühjahrsmeeting zu verfolgen, wird die Anziehungskraft von Baden-Baden hingegen vor allem dadurch gestärkt, dass dies so ziemlich der letzte Ort Deutschlands ist, an dem «man unter sich sein kann, in den man sich nicht hineinkaufen kann», wie mir Moritz Kaufmann erklärt. Er ist ein junger Bankier, der sich um den Nachwuchs des Clubs kümmert.

Hier auf der Club-Tribüne trifft man garantiert keine GZSZ-Sternchen und keinen Dieter Bohlen. Wenn man hier Bohlens sieht, dann allenfalls von Bohlen und Halbachs. Die Exklusivität des Internationalen Clubs ist in Deutschland einzigartig. Er darf maximal 120 Mitglieder haben. Begehrt jemand Aufnahme, müssen sämtliche Mitglieder ohne Ausnahme zustimmen. Derzeit liegt die Mitgliederzahl knapp unterhalb der 120-Grenze, weil ihnen niemand, der hineinwill, fein genug ist.

Zu einem Abendessen des Clubs brachte neulich eines der Mitglieder einen Gast mit, der eine rote Fliege zum Smoking trug. Der Clubsekretär nahm das Mitglied anderntags diskret zur Seite, erklärte ihm, dass dies so nicht gehe, er seinem Gast beibringen müsse, wie man sich zu kleiden habe, und dass er dies, wenn es nochmal vorkomme, bei der nächsten Vorstandssitzung zur Sprache bringen müsse. Gegründet wurde der Internationale Club 1872 von einer Handvoll aristokratischer Pferdenarren. Es waren Fürst Carl Egon zu Fürstenberg, Landgraf Friedrich von Hessen, der Herzog von Hamilton, Fürst Hugo zu Hohenlohe-Oehringen, Fürst Nicolaus Gagarin, Fürst Menchikoff, Graf Hugo Henckel von Donnersmarck und Graf Nicolaus Esterházy. Die Mitgliederstruktur hat sich bis heute nicht wesentlich geändert, allenfalls ein paar Oetkers, Darbovens und Porsches sind dazugekommen.

Als Zeichen großer Fortschrittlichkeit darf immerhin gedeutet werden, dass zuletzt Helmut von Finck aufgenommen wurde. Er galt lange als schwarzes Schaf der milliardenschweren bayerischen Unternehmerdynastie, hat sich aber inzwischen derart um den Galopprennsport verdient gemacht, dass man sogar bereit war, über seine unkonventionelle Haarpracht und seinen meist nachlässigen Kleidungsstil hinwegzusehen. Mit seiner Freundin Antonia Bögl sitzt er in den mit wertvollen Antiquitäten eingerichteten Clubräumen und studiert konzentriert das Rennprogramm. Er trägt einen Blazer, darunter ein altes Polohemd. Er ist hier der einzige Herr ohne Krawatte. Seine Begleitung hat er übrigens durch den Pferdesport kennengelernt. Sie ist Reiterin. Für einen Milliardär ist es eine weise Entscheidung, eine Reiterin zur Freundin zu nehmen. Reiterinnen haben eine eingebaute Anti-Tussi-Versicherung. Jemand, der einen Stall ausmisten kann, ist jedenfalls schon einmal nicht verhätschelt.

Das Reizvolle am Baden-Badener Soziotop ist aber, dass sich die Millionäre hier nicht in den abgesperrten Bereichen der Tribüne abschotten. Frühmorgens um halb sieben sieht man Georg von Ullmann aus der Oppenheim-Bankdynastie, den Besitzer des Schlenderhan-Rennstalls, wie er das Training der Pferde verfolgt und anschließend mit den Jockeys und Trainern im Boxendorf Bier trinkt. Regel Nr. 1 des Ratgebers «Wie angle ich mir einen Millionär?» sollte daher lauten: Komm nach Baden-Baden, und zwar möglichst früh morgens, und wirf deine Angel im (nicht abgesperrten!) Boxendorf aus.

Eine noch nicht hinreichend untersuchte Frage ist hingegen, warum es gerade Menschen aus Familien mit alten Stammbäumen sind, die sich für den Galopprennsport begeistern. Prinz Bernhard von Baden, der Präsident des Clubs, erklärt seine Faszination so: «Der eigentliche Zweck der Rennen ist, die besten Deckhengste und Zuchtstuten der Welt zu ermitteln. Dadurch bekommt man über die Jahre immer hochgezüchtetere Tiere.»

Der Adel hat ja ein Faible für Stammbäume. Beim Hause Baden ist das schon deshalb aktenkundig, weil – so die Legende – einmal ein Prinz, dessen Mutter nicht von lückenlos nachvollziehbarer Abstammung war, jahrelang weggesperrt wurde und später als Kaspar Hauser in die Geschichte einging. Womöglich liegt die Faszination der Pferdezucht für Aristokraten also darin, dass Rennpferde die einzigen Lebewesen sind, deren Stammbäume makelloser sind als die des Hochadels. Sämtliche Vollblüter dieser Welt stammen von genau drei Ahnen ab. Diese drei Stammväter hießen Byerley Turk, Darley Arabian und Godolphin Arabian.

Die Stars unter den Vollblutpferden werden sorgsamer umhegt als jeder Fußballstar, haben ihre eigenen Leibärzte und Masseure. «Neulich wurde ein Fohlen für sagenhafte 9,3 Millionen Euro ersteigert», erzählt Prinz Bernhard. Das ist ein bisschen so, als würde man Franz Beckenbauer mit der Leichtathletin Cathy Freeman kreuzen, und Real Madrid würde das Kind aus dieser Beziehung für Millionen verpflichten, um es trainieren zu dürfen.

Ein erfolgreiches Rennpferd bedeutet für die Züchter eine Lizenz zum Gelddrucken, denn neben den beachtlichen Preisgeldern fließen noch Deckgebühren. Ein Pferd wie Tiger Hill, der aus dem Ullmann-Stall Schlenderhan stammt, etliche Rennen in Baden-Baden gewonnen hat und inzwischen Scheich

Maktoum gehört, zeugt jährlich etwa 140 Nachkommen. Für das Decken einer Stute werden knapp 40 000 Euro verlangt. Das Pferd bringt dem Scheich so einen jährlichen Cashflow von etwa 5,6 Millionen Euro.

Der Sieger des Mercedes-Benz-Preises, Hauptrennen des Frühlingsmeetings, war ein Hengst aus dem Hamburger Stall Reni. Sein Name: Prince Flori. Das ist so in Baden-Baden. Hier sind selbst die Pferde Prinzen.

No Smoking

Prinz Charles' jüngerem Bruder, Prinz Andrew, hängt seit Jahren der Spitzname Randy Andy an, was man mit «geiler Andy» übersetzen kann. Bei der pompösen Feier anlässlich des 18. Geburtstages seiner Tochter Beatrice auf Schloss Windsor hat er wieder einmal offenbart, warum dieser Spitzname so passend ist. Unter den fast 500 Gästen befanden sich die Speerspitzen der europäischen *Jeunesse dorée*, die hübschesten Mädchen aus den besten Familien des Kontinents, doch Randy Andy stiefelte den ganzen Abend stieräugig einer Frau hinterher, die, im Vergleich zu den meisten dort, nicht nur auffallend ordinär wirkte, sondern auch noch mit einem recht ordinären Namen bestraft ist: Angie Everhart, Exmodel, Exfreundin von Fürst Albert von Monaco (was eigentlich schon alles über die Vulgarität dieser Frau aussagt). Angie, 36 Jahre alt, war, was ihre Referenzen nicht gerade verbessert, mit Sylvester Stallone verlobt und kurzzeitig auch einmal mit George Hamiltons Sohn Ashley verheiratet. Das Geburtstagskind, die charmante Beatrice, hatte sich für den Abend übrigens vorgenommen, sich den nach ihrem Vetter Prinz William begehrtesten Jung-Junggesellen Sam Branson zu angeln. Der 21 Jahre alte Sohn von Richard Branson gilt unter Londons Baby-Jetset als der Inbegriff von cool – er spielt Gitarre in einer Rockband, hat lange, blonde Haare, seine Freundinnen lädt er gern übers Weekend auf die karibische Privatinsel seines Vaters ein, kurz gesagt:

Phoooaa! Beatrice hatte ihn für das Dinner neben sich platziert. Allein – der Funke sprang nicht über. Sam hatte seinerseits nämlich nur Augen für Isabella Anstruther-Gough-Calthorpe, 26 Jahre alt, Erbin der Curzon-Privatbankier-Dynastie. Hausherr und Hausherrin, die Queen und Prinz Philip, waren dem Ball ihrer Enkelin übrigens ferngeblieben, hatten aber aus Furcht vor der sorglosen Jugend und schlechten Erfahrungen vorsorglich ein generelles Rauchverbot erteilt. Die Jugend murrte darüber zwar zunächst, das Resultat war aber, dass sich schon nach der Suppe im Hof des Schlosses eine malerische Szenerie darbot, die nur die steifen Kellner etwas ratlos zurückließ: Hunderte gutaussehender junger Leute, gekleidet in viktorianische Kostüme, bevölkerten die Rasenflächen im Innenhof, um dort zu rauchen. Außer für Beatrice und Andrew, der bei Fräulein Immerhart übrigens abblitzte, war es ein sehr gelungener, ja geradezu romantischer Abend.

Die Eleganz der Ignoranz

Das Mittagessen auf dem englischen Landsitz in Oxfordshire war eine Herausforderung. Wie jedes Essen bei englischen Aristokraten eine Herausforderung ist und eiserne Disziplin abverlangt. Nein, was Tischmanieren, Kleidung und Ähnliches betrifft, ist es leicht, sich den englischen Sitten anzupassen (*When in Rome, do as the Romans do!*) – die Konversation hingegen hat in England ihre eigenen Gesetze. Gesetze, die sich von unseren kontinentalen Normen rundweg unterscheiden: Die kontinentale Etikette wurde in erster Linie durch den in Europa vorherrschenden französischen Geist Mitte des 18. Jahrhunderts geprägt. Der Franzose wiederum hat, wie wir zu wissen glauben, keinen Humor, sondern Witz, «esprit». Der Unterschied ist, dass der Witz geistreich, überlegen, mitunter gar verletzend ist, während der Humor versucht, harmlos zu sein. Der humorige Mensch liebt sich und seine Mitmenschen, macht Witze, die verletzen könnten, höchstens über sich selbst. Der *homme d'esprit* liebt weder sich noch die Menschen. Für ihn gilt der berühmte Satz des Iren Oscar Wilde: «Lieber verliere ich einen guten Freund, als einen guten Witz zu versäumen!» – Und hier sind wir bereits am Punkt: Die einzigen Briten mit Witz sind jene irischer Abstammung (Oscar Wilde, Bernard Shaw), indes die Engländer humorvoll sind.

Treffen also ein Europäer mit Witz und ein Engländer mit Humor aufeinander, gestaltet sich eine Konversation überaus schwierig. Hinzu kommt, dass in England aristokratische Ideale überlebt haben, die in Europa bereits Museumsinventar sind.

Im Grunde nichts ernst zu nehmen, das Leben als Spiel zu sehen, solch eine Lebenseinstellung war noch vor dem letzten Weltkrieg in höheren Kreisen selbstverständlich, heute gibt es sie nur noch in England. Die Spielwut der Engländer, egal ob Polo, Kricket, Golf, Tennis oder Bowling, ist der Spiegel dieser leichtfertigen Lebensart, in der ein schlecht geworfener Ball schlimmer ist als eine gescheiterte Ehe beispielsweise. Ein Gentleman eilt nicht, zahlt nicht, wundert sich nicht.

Die Kunst der englischen Tischkonversation ist es nun, möglichst diesen Ruf zu unterstreichen: möglichst nichts Ernsthaftes sagen. Wer es schafft, Lebensweisheiten von sich zu geben, die völlig absurd, aber möglichst originell sind, beherrscht die Konversation. Gepaart mit einer gehörigen Portion gespielter Blödheit, welche oft als Understatement verharmlost wird, hat man auf dem englischen Parkett alles, was man zu einer gepflegten, oberflächlichen, humorvollen Konversation benötigt.

Man spielt den Dummen, blickt auf seine Uhr und sagt: «Ich kann unmöglich zwischen Viertel nach drei und Viertel vor neun unterscheiden!» – äußerst geistreich.

Das Schlimmste, was man machen kann, ist diskutieren. Je blödsinniger ein Konversationsbeitrag ist, desto weniger sollte man an ihm rütteln. Mein Gastgeber drehte sich bei jenem erwähnten Mittagessen zu mir und sagte: «Wissen Sie, ich bin aus der Kirche ausgetreten, weil ich sonntags nicht gerne vor elf Uhr aufstehe!» Mein Fehler war es, ihm als Kompromiss die Vorabendmesse vorzuschlagen. Er reagierte völlig verwirrt und stotterte: «Abends ist es zu dunkel, um die Kirche zu finden.»

Das Land der Träume

Politik ist tabu. Es ist nur dann erlaubt, über Politik zu reden, wenn man es schafft, seine völlige Gleichgültigkeit gegenüber dem Tagesgeschehen so zu vermitteln, dass kein Zweifel über die eigene Blödheit besteht. Als dem Vorgesetzten des berühmten Spions Kim Philby das erste Mal von Verdachtsmomenten über Philby berichtet wurde, wehrte der Geheimdienstoffizier ab: «Philby kann kein Verräter sein, er hat den gleichen Schneider wie ich!» – Für Engländer ein überzeugendes Argument.

Das Mittagessen in Oxfordshire wurde immer mehr zum Überlebenskampf. Nach dem Essen flüchtete ich mich zum Familiendinosaurier, der fast neunzig Jahre alten Mutter des Gastgebers. Sie saß, eingehüllt in eine Wolldecke, am Kamin und hatte den entscheidenden Vorteil, dass sie fast taub war. Trotzdem ließ sie mich wissen, dass sie Deutsch als Sprache sehr schätze: «Deutsch klingt anständig. Wohingegen man bei Französisch immer das Gefühl hat, es würden unanständige Sachen gesagt.»

Ihr Lieblingswort war «nowadays» – heutzutage. Immer, wenn sie «nowadays» sagte, folgte ein einerseits beklagender, andererseits gleichgültiger Vergleich zwischen der gestrigen und der heutigen Welt. Sie erklärte mir, dass das Wetter früher immer gut gewesen sei bei Ascot und Wimbledon. Regen sei heutzutage genau so ordinär wie das Publikum. Früher hätte Regen etwas Elegantes gehabt, schließlich wurde «rain» früher auch anders ausgesprochen.

Für die gespielte Blödheit sind die Engländer zu beneiden. Sie sind immun gegen das deutsche Übel, alles «ausdiskutieren» zu wollen.

Hey, ihr da unten!

Wochenlang habe ich meine Frau bekniet, diesen einen Anruf zu machen, die Nummer des Zarzuela-Palasts zu wählen, sich zu Kronprinz Felipe, ihrem Vetter, durchstellen zu lassen – und darum zu bitten, uns zum Hinspiel des Champions-League-Achtelfinales in die königliche Loge des Bernabéu-Stadions einzuladen. Nur dieser einzige, winzige Anruf wäre notwendig gewesen. Wir wären sicher eingeladen worden. Das einzige Problem: Meine Frau ist eine Prinzessin von Hessen und leidet deshalb unter dem sogenannten «Hö-Tö»-Problem. «Hö-Tös», höhere Töchter, sind völlig außerstande, um Dinge für sich selbst zu bitten. Es ist die gleiche Behinderung, die sie in Restaurants auf die Frage des Kellners, ob alles zu ihrer Zufriedenheit war, nur mit «Ja, fabelhaft!» antworten lässt – selbst wenn das Essen ungenießbar war. Die genetische Disposition und die systematische Erziehung zu dieser Behinderung machen «Hö-Tös» einerseits besonders liebenswert, andererseits handelt es sich um ein Handicap, das im Alltag, etwa wenn man unbedingt Champions-League-Karten haben möchte, etwas unpraktisch ist.

Der FC Bayern verlor das Hinspiel in Madrid. Aber nur knapp. Und das erhöhte die Dringlichkeit, nun wenigstens Karten für das Rückspiel – vergangene Woche in München – zu bekommen. Meine Schwester Gloria ist da gottlob recht entspannt. Ich hatte gerade dazu angesetzt, ihr zu erzählen, wie

Das Land der Träume

aussichtslos es sei, Karten für Bayern gegen Real zu bekommen ... – Noch bevor ich meine umständlichen Erklärungen beenden konnte, hatte sie bereits den Telefonhörer in die Hand genommen, mit der VIP-Abteilung von Audi telefoniert und zwei Karten für die Ehrenloge organisiert.

Obwohl ich seit gut 20 Jahren sowohl Fußballfan als auch Snob bin, war ich zuvor noch nie in der VIP-Loge eines Fußballstadions (außer in Hamburg am Millerntor, aber das zählt nicht, in St. Pauli besteht der VIP-Bereich aus einem abgewrackten Container). Die Sponsoren-Lounges in der Münchner Allianz-Arena sind ein vom gewöhnlichen Fußballanhänger völlig losgelöstes Soziotop. Die Menschen hier tragen keine Schals mit Vereinswappen, sondern beigefarbene Paschminas. Zwar wird auch hier, wenn die Dramatik des Spiels dies gebietet, geraucht, aber wenigstens nicht Reval, sondern kubanische Zigarren. Zwei Reihen vor mir sitzt Boris Becker, hinter mir sind Blacky Fuchsberger, Bully Herbig und Sönke Wortmann. Auch auf der Münchner Ehrentribüne flucht man über den Schiedsrichter, nur eben sehr viel gesitteter als sonst in Fußballstadien («Schiri, du Wi...tzbold!», ist so etwa das Gewagteste, was ich an dem Abend zu hören bekam). Man muss sich hier in der Halbzeitpause nicht vor einem fiesen Würstlstand anstellen, sondern kann sich an den Büfetts in den Sponsorenlogen schadlos halten. Die größte Loge gehört hier der Allianz (180 in futuristisch-eisblaues Licht getönte Quadratmeter), die gemütlichste ist die «Loge 9», die sich ein paar Münchner Millionäre gemeinsam leisten, sie ist im Stil einer urigen Zirbelstube eingerichtet.

Es ist 15 Minuten vor dem Schlusspfiff, Bayern führt nur

noch 2 : 1, Real drängt zum Gegentor, die Dramatik ist auf dem Höhepunkt – als sich plötzlich neben mir ein Mann mit einem dieser schönen Mäntel mit Pelzkragen erhebt und sagt, er müsse jetzt weg. Zum Flughafen. Sein Learjet bekomme sonst keine Startgenehmigung mehr. Wenn in anderen Stadien Leute in der entscheidenden Schlussphase gehen, dann, um die letzte S-Bahn zu erwischen, hier also, weil sie sonst keinen Slot mehr für ihren Privatjet bekommen. München ist großartig.

Kopf oder Zahl?

Der Höhepunkt meiner Woche war ohne jeden Zweifel mein Besuch in London. An einem sonnigen Sonntagmorgen in Heathrow gelandet, vom Flughafen direkt ins Brompton Oratory, Londons Mini-Petersdom, dort einem lateinischen Hochamt beigewohnt. Dann Zeitunglesen in einem Straßencafé in Notting Hill, Mittagessen mit meiner Nichte Maria-Theresia, zwei Priestern und Bianca Jagger in der Brasserie. (Die Priester erklärten uns, dass Sonntag Auferstehungstag sei, es also – trotz Fastenzeit – eine Sünde sei, am Sonntag zu fasten. Also Steak Tatar gefolgt von Tarte aux pommes.)

Anschließend ein langer Spaziergang mit meiner Freundin Sarah Giles im Hyde Park. Sarah war jahrelang die Stellvertreterin der großen Tina Brown beim *Tatler*, später folgte sie ihr zu *Vanity Fair*, wo sie zehn Jahre lang *editor at large* war, und anschließend zum *New Yorker*. Abends ein Abstecher in das eleganteste Nachtlokal der Welt, das Annabelle's am Berkeley Square, um dort Taki, den großen alten Mann der Klatschkolumnistenzunft, bei der Balz zu beobachten. Wenn ihm eine Frau gefällt, gestaltet sich der Dialog in etwa so: «Darf ich fragen, wer Sie sind, schöne Frau?» Sie: «Wer hätten Sie denn gern, dass ich bin?» Taki: «Die künftige Mrs Taki idealerweise.» Dabei ist er mit einer Cousine von mir verheiratet, der alte Schwerenöter!

Noch schöner als das Annabelle's ist das Spielcasino Aspinall's, das sich zwei Stockwerke über dem Nachtlokal befindet. Treffe dort am Roulettetisch auf Ben Goldsmith, den Anführer der *jeunesse dorée* von London. Bens verstorbener Vater Jimmy war das, was man heute als Monsterheuschrecke bezeichnen würde: Er schluckte Unternehmen und schlachtete sie gnadenlos aus. Später ließ er sich bekehren und wurde zum Umweltschützer. Zudem war er spielsüchtig. Sein bester Freund, der inzwischen leider ebenfalls verstorbene Exzentriker John Aspinall, gründete sein Spielcasino, um jeden Tag seine Kumpel um sich zu haben. Zu ihnen gehörte neben Jimmy auch der australische Medientycoon Kerry Packer.

Kerry Packer galt als der größte unter den Walen. Wale, so heißen in der Welt der Casinos alle, die am Roulette-, Poker- oder Bakkarattisch um Millionenbeträge spielen. Als Kerry Packer am 11. September 2001 in Las Vegas festsaß, spielte er sich den Frust von der Seele und verlor in einer Nacht 45 Millionen Dollar. Den Croupiers ließ er 170 000 Dollar Trinkgeld da. Einmal soll ihm am Spieltisch ein angeberischer texanischer Ölbaron in die Quere gekommen sein. «Was spielen Sie sich hier so auf?», wollte Packer wissen. «Ich bin 500 Millionen Dollar schwer!», soll der Texaner geantwortet haben. Packer nahm einen Jeton, warf ihn in die Luft und fragte nur: «Los, spielen wir drum! Kopf oder Zahl?»

Früher gehörte auch Adnan Kashoggi zum erlauchten Kreis der Wale. An einem Abend bei Aspinall's war er über eine Verluststrähne so frustriert, dass er sich kurzerhand die Roulettekugel schnappte, in den Mund steckte und mit Champagner hinunterspülte.

Derzeit ist Fouad al-Zayat der König der Wale, und er sorgt

bei Aspinall's für Kopfzerbrechen. In den vergangenen zehn Jahren war er über 600-mal hier, kaufte Chips im Wert von über 130 Millionen Euro und hat das meiste davon verloren. Ein Goldesel fürs Casino also. Allerdings schuldet er Aspinall's derzeit drei Millionen Euro. Der Manager des Casinos hat ihn jetzt verklagt. Herr al-Zayat, ein Libanese, gilt als überaus großzügiger Gast. Wenn er Kellnern Trinkgeld gibt, dann greift er in den Stapel mit den 5000-Pfund-Jetons. Er ist übrigens Christ und sagte einmal im Interview: «Glücksspiel ist mein einziges großes Laster.» So einen Mann wegen läppischer drei Millionen zu verklagen, halten die meisten hier für ziemlich kleinlich. Zu John Aspinalls Zeiten wäre das jedenfalls undenkbar gewesen.

Marballermann

Wieder ist es zu Ausschreitungen von Deutschen im Ausland gekommen. In deutlich alkoholisiertem Zustand halten dieser Tage Hooligans der C-Kategorie Marbella in Schach. C steht für Champagner, Caviar und Cocain.

Zu den Drahtziehern der deutschen Champagner-Hooligans in Marbella gehört eine Münchnerin. Sie ist eine der wichtigsten Personen am Ort, wenn ich ihren Namen nenne, bekomme ich in Marbella keinen Fuß mehr auf den Boden. Lieber erzähle ich ihre Geschichte: 1962 heiratete sie einen der reichsten Männer Saudi-Arabiens, gebar ihm vier Kinder. Eines Tages überraschte ihr Mann sie mit dem Gärtner. Der Kinder zuliebe entschied er sich, sie nicht zu töten, wie in Wüstenstaaten durchaus möglich, sondern ihr lediglich ihr langes blondes Haar abzuschneiden und sie dann zu verstoßen.

Bei einem Abendessen im Trader Vics sitze ich an ihrem Tisch. Dabei ist auch Prinz Mansur al Saud, einer der wichtigeren Mitglieder der saudischen Königsfamilie.

Denn Saudis sitzen auf einem Pulverfass, und Marbella ist ein probater Ort, um sich von Sorgen daheim abzulenken. Seit 20 Jahren schaufeln die Saudis ihren unermesslichen Reichtum aus dem Fenster hinaus, viele halten sich nicht mehr an islamische Gesetze, während in ihrem Land die religiösen Fundamentalisten immer stärker werden, die das ausschweifende

Leben ihrer Königsfamilie als dekadent verurteilen. Um sich die Fundamentalisten noch eine Weile vom Hals zu halten, hat König Abdullah gerade 500 Millionen Dollar an die fundamentalistische Terrororganisation Hamas gespendet. Abdullah finanziert damit seine eigenen Henker.

Der Neffe Abdullahs, Prinz Mansur, war leicht als der wichtigste Mann am Tisch im Trader Vics auszumachen, da er der dickste war. In arabischen Kulturen steht Fettleibigkeit für Reichtum und Macht. Prinz Mansur besticht durch seine Freundlichkeit und seine Offenheit. So erzählt er zum Beispiel von einem Besuch kürzlich in Nigeria. Er hätte mit dem Diktator, General Sin Abacha, über Geschäfte sprechen wollen, doch der hätte nur von Viagra geredet: «Ich dachte mir noch, dem steht das Wasser bis zum Hals und er hat nur Viagra im Kopf. Eine Woche später war er tot.» Viagra-Überdosis.

In Marbella hat sich Viagra neben den herkömmlichen Drogen schnell durchgesetzt.

Darüber beklagt sich vor allem das geschulte Fachpersonal im örtlichen Bordell, dem «Milady Palace». Früher wollten die reichen Araber nur Champagner saufen und mit schönen Mädchen auf ihrem Schoß Hoppe-Hoppe-Reiter spielen, «heutzutage wollen sie alle Viagra ausprobieren», jammert eine junge Russin.

Der käufliche Sex hat, besonders seit Russen Marbella heimsuchen, viele Gesichter in dieser Stadt. Ein junger Spross aus dem Hohenlohe-Clan musste zum Beispiel die Erfahrung machen, dass es gefährlich sein kann, fremde Mädchen in einer Bar anzusprechen. Er wechselte ein paar Worte mit einer Blondine, als er plötzlich den Lauf einer Pistole in seiner Ohrmuschel spürte, was auf Neu-Russisch so viel bedeutet wie: «Lass meine Braut in Ruh!»

In Marbella ist es schwer, Russen aus dem Weg zu gehen. Auf einem Schild vor dem Restaurant La Venus Grill steht: «U nac est' menu na rycckom» (Wir haben ein russisches Menü). Die beliebteste Wohngegend für Russen ist Los Granados, mehr Hochsicherheitstrakt denn Wohnsiedlung. Nach dem Fall einer russischen Familie die – samt siebenjähriger Tochter – vor drei Jahren von Mafiakillern ermordet wurde, haben Russen hier ein gesteigertes Sicherheitsbedürfnis.

Die Russen von Marbella gehören zumeist zur obersten Schicht der Mafia, und ihr Lebensstil stellt alles in Schatten, was man über Jahre von den Arabern gewöhnt war. «Wenn die Frauen für die Russen knapp werden, landet schon mal eine Iljuschin, um eine Hundertschaft Huren heranzukarren», erzählt mir der VIP-Betreuer am Flughafen von Malaga.

In der beliebtesten Diskothek Marbellas, dem Olivia Valere, lassen sich besonders wichtige Mafiosi ganze Teile des Lokals durch Leibwächter abschirmen. Vor ein paar Tagen kam es vor jenem Olivia Valere zu einer für Dabeistehende witzigen Situation: Ein Russe torkelte aus dem Lokal, begab sich zum erstbesten Auto, holte ein kleines Briefchen aus seiner Tasche und bereitete sich in aller Seelenruhe eine riesige Linie Kokain auf der Kühlerhaube. Er staubsaugte sie von links nach rechts, und als er rechts angekommen war, blickte er in die Gesichter von zwei erstaunten Polizeibeamten. Statt von seinem Leibwächter in seinen Marmorpalast wurde er von der Guardia Civil ins Gefängnis chauffiert.

Um den besonderen Charme von Marbella zu verstehen,

muss man den ehemaligen Bürgermeister kennen: Jesus Gil. Er galt als einer der reichsten Männer Spaniens, ihm gehörte zum Beispiel der Fußballverein Atletico Madrid, aber auf Partys trat er in Adidas-Jogginganzug und Plastik-Badeschlappen auf, seine Sprache ist ebenso derb wie seine Methoden: Arme und Bettler gibt es in Marbella traditionell nicht, weil Gil die Maßnahme eingeführt hat, Obdachlose – angelockt von Trinkgeld – in Busse einzupacken und in Nachbarorte zu bringen. Gils Geschäfte gingen gut. Bis man in der Zentralregierung dahinterkam, dass in Marbella mehr Baugenehmigungen erteilt wurden, als es Land gibt. Also wurde die gesamte Stadtverwaltung Marbellas verhaftet.

Die Qualen der Reichen und Mächtigen

Nachdenken über die
Welt des schönen Seins

Warum tauchen die Reichen unter?

Als mein verstorbener Schwager, Fürst Johannes von Thurn und Taxis, mich irgendwann in den achtziger Jahren zu einer Silvesterparty bei Adnan Kashoggi mitnehmen wollte, war meine Mutter strikt dagegen. Ich war damals noch recht jung, und meine Mutter meinte, dass ich Gefahr liefe, den Bezug zur Realität zu verlieren, wenn ich mich auf einer Party bei dem Mann herumtriebe, der damals als der «reichste Mann der Welt» galt. (Rückblickend hat sie mit dieser Prognose natürlich recht behalten.) Letztlich war es aber das Argument meines Schwagers, ein Besuch bei Kashoggi sei geradezu ein «museales Erlebnis», das meine Mutter dazu verleitete, mir die Reise doch zu gestatten. Johannes erklärte ihr, dass eine solche Zurschaustellung von Reichtum, wie sie Kashoggi damals praktizierte, ein einzigartiges Schauspiel darstelle, dass es geradezu ein Muss sei, so etwas einmal zu sehen, denn schon bald werde man so etwas nicht mehr erleben können.

Wie recht er hatte. Von meinem Aufenthalt auf seiner Jacht Nabila werde ich noch meinen Kindern erzählen. An Bord gab es einen Operationssaal, ein Kino, eine Diskothek. Jede Gästekabine war mit versteckten Kameras und Mikrophonen ausgestattet. Wenn Kashoggi in seiner Eigenschaft als Waffenhändler Regierungsvertreter an Bord hatte und ihnen eine der Damen, die ihm die damals sehr beliebte Escort-Agency von Madame Claude vermittelt hatte, in die Kabine schickte, hatte er anschließend von jedem von ihnen ein kleines Videoband parat, das die betreffende Person in kompromittierenden Situationen zeigte – und das sollte sich bei auftretenden geschäftlichen Komplikationen als sehr hilfreich erweisen.

Wenn seine Nabila einen Hafen anlief, kam es zu kolossalen Menschenaufläufen: Kashoggi genoss es, seine Auftritte mit einem gewissen Tamtam zu zelebrieren.

Wie langweilig sind dagegen die Superreichen unserer Tage! Sie tun ihr Möglichstes, um ihren aufwendigen Lebensstil im Versteckten auszukosten. Die Zeitschrift *Newsweek* hat diesem Trend neulich eine Titelgeschichte gewidmet und dem Phänomen den Namen *stealth wealth* gegeben. Dieser plötzliche Hang zur Geheimnistuerei unter Milliardären bereitet mir einigen Kummer. Nicht nur aus voyeuristischer, sondern auch aus volkswirtschaftlicher Sicht ist er äußerst bedenklich. Protzsucht wirkte, wenn man in der Wirtschaftsgeschichte ein wenig zurückblickt, nämlich immer auch als Motor für soziale Mobilität. Bei Norbert Elias kann man nachlesen, dass der Adel am französischen Hof gezwungen war, durch ostentativen Luxus im Blickfeld des Königs zu bleiben. Dadurch trieben sich die Adeligen letztlich in den Ruin, und deren Reichtum ging auf die nachrückenden Schichten über.

Es ist also in Wahrheit ein Drama, dass mein Schwager recht behalten hat und die Ära der Protzerei à la Kashoggi vorüber ist. Ein Beleg für diese bedauerliche Entwicklung ist übrigens auch der Umstand, dass unter Milliardären nicht mehr Superjachten wie weiland die Nabila en vogue sind, sondern plötzlich U-Boote als ultimatives Statussymbol gelten. Sie sind unter Milliardären deshalb beliebt, weil man sich mit ihnen den neugierigen Blicken der Öffentlichkeit so mühelos entziehen kann.

Paul Allen, einer der Gründer von Microsoft, hat sich kürzlich ein (gelbes!) U-Boot bauen lassen, und zwar bei dem Hersteller Exomos in Dubai. Kaufverträge für solche privaten U-Boote enthalten meist strenge Verschwiegenheitsklauseln. Die *Herald Tribune* berichtet, dass Allen den Ingenieuren auf unmissverständliche Weise klargemacht hat, dass ein «loses Mundwerk Schiffe versenken kann». Einer von ihnen wird in dem Artikel aber zitiert: «Ich darf ja nicht darüber reden, doch versichere ich Ihnen, das Boot ist ein ziemliches Prachtstück.» Inzwischen touren angeblich über 100 dieser Privat-U-Boote durch die Weltmeere, auch Roman Abramowitsch soll eines besitzen. «Wenn Sie es finden, können Sie es behalten», hat er keck geantwortet, als er neulich darauf angesprochen wurde. Versucht man, Bruce Jones, den Chef der Firma U.S. Submarines, einen der Hersteller solcher U-Boote, nach seinen Kunden auszufragen, antwortet er: «Natürlich kann ich Ihnen die Namen verraten, aber danach müsste ich Sie leider erschießen.»

Ist Snobismus überhaupt noch möglich?

In Zeiten der Rezession, des Terrors und der Umweltkatastrophen mag es drängendere Probleme geben, aber angesprochen werden muss es doch einmal: Das Ende des Snobismus ist da. Geschichte wird ja oft erst durch beiläufige Ereignisse begreiflich. Daher verrät das endgültige Scheitern dieser Geisteshaltung vielleicht mehr, als man zunächst vermuten könnte. Das Streben, die Sitten und Gebräuche der Oberklasse nachzuäffen und durch ästhetische Verfeinerung stillen Widerstand gegen die Moderne zu leisten, war bislang eher kennzeichnend für Epochen des Niedergangs. Sollte der Snobismus tatsächlich ausgedient haben, könnte dies entweder als Hinweis darauf verstanden werden, dass wir uns auf dem Weg zur «vernünftigen Gesellschaft» befinden (eher unwahrscheinlich). Oder eben darauf, dass der Scheitelpunkt unserer Epoche erreicht ist, uns also Erschütterndes bevorsteht.

Einige willkürlich zusammengetragene Beobachtungen illustrieren die Lage: Eine ehemalige Angestellte, die heute zu den reichsten und mächtigsten Frauen Europas zählt, ihre kleinbürgerlichen Wurzeln aber keineswegs leugnet, besuchte neulich ein Schloss, das sich noch im Privatbesitz einer Fürstenfamilie befindet. Als sie von den Gastgebern durch die Räume des Schlosses geführt wurde, wirkte sie noch etwas steif. Später, bei einem Glas Wein, konnte sie dann doch ihrer Bewunderung

Ausdruck verleihen, indem sie fragte: «Wie viele Quadratmeter haben Sie hier eigentlich?» Die adligen Gastgeber hatten natürlich keine Ahnung und amüsierten sich noch wochenlang köstlich über die Frage der Milliardärin. Diese ihrerseits verließ das Schloss in der festen Überzeugung, in ihrer im Stil einer Musikantenstadl-Dekoration eingerichteten Neubau-Villa viel besser aufgehoben zu sein, schon allein wegen der geringeren Betriebskosten. Über die Adligen, die ihr Schloss nicht längst in ein Hotel oder Tagungszentrum verwandelt hatten, um auch in eine Villa zu ziehen, konnte sie sich nur wundern.

Im vergangenen Juli starb eine der zentralen Figuren der deutschen High Society. Außer den lokalen Medien in seiner badischen Heimat nahm allerdings niemand Notiz davon. Der 79 Jahre alte Joachim («Jocki») zu Fürstenberg war einer der letzten Patriarchen eines verflossenen Zeitalters: der Mondänität. Als er starb, beschäftigte sich die *Bild*-Zeitung, die in der Berichterstattung über prominente Persönlichkeiten stets den Takt angibt, wieder einmal mit Uschi Glas, Boris Becker oder Beckenbauers Hunden. Der Tod des Fürsten blieb unbemerkt. Auch die angeblichen Society-Postillen *Bunte* und *Gala* hatten sein Ableben erst nach der Beerdigung registriert, aber auch das nur, weil Ernst August von Hannover und dessen Frau Caroline daran teilgenommen hatten.

In England liegt die Klatschpresse zurzeit dem Ehepaar David und Victoria («Posh Spice») Beckham zu Füßen. Der Fußballstar und die Pop-Sängerin wohnen in einem übermäßig perfekt renovierten Schloss, geben Gartenpartys, die live vom Fernsehen übertragen werden, und bewegen sich hauptsächlich im Helikopter fort. Sollten sie ausnahmsweise einmal zu Fuß gehen, dann tun sie es mit Diamanten am Hals oder um das Handgelenk. Ihr neuester Coup: Als Hausangestellte in ihrem Schloss haben sie – ein ultimatives Statussymbol – die ehemaligen Butler der Queen Mum angestellt.

Die Beckhams sind derzeit gefeierte Idole, weil sie für die Briten mit ihrem ostentativ ausgelebten Aufsteigertum den Sieg des Proletariats über das Establishment personifizieren. Zum Triumph der Beckhams gehört, dass sie keine Sekunde lang ihre Herkunft verleugnen. Noch vor 20 Jahren versuchte eine Margaret Thatcher, die die untere Mittelklasse hinter sich gelassen hatte, krampfhaft die Aussprache der Upperclass nachzuahmen; im heutigen England (etwa bei der BBC und in der Londoner City) gilt es als schick, Gossensprache zu sprechen.

Unterdessen nehmen die Medien – und somit wir alle – kaum noch Notiz von dem, was man früher «Gesellschaft» nannte. Deren Exponenten wurden durch «Promis» ersetzt, die eine wichtige Funktion erfüllen: Sie machen die Durchlässigkeit der sozialen Schranken plausibel. Die Oberschicht besteht nicht mehr aus Land-, sondern aus Konzernbesitzern. Weil sie es so will, ist sie so unsichtbar wie jene eingangs erwähnte Schlossbesucherin. Für die Oberschicht vergangener Tage, die sich bis auf wenige exotische Vertreter längst assimiliert hat und keine distinguierte innere wie äußere Haltung mehr pflegt, empfindet die heutige Elite noch eine gewisse sentimentale Schwäche; am liebsten ist es ihr allerdings, wenn die Nachkommen der abgesetzten Oberklasse Benimmbücher schreiben oder sich als Innenarchitekten, Berater in Protokollfragen oder Partyorganisatoren nützlich machen. Bis heute zehren wir von Traditionen und Kulturgütern, die durch das Mäzenatentum und die

Glanzentfaltung im feudalen Zeitalter geschaffen wurden. Was, fragt man sich bang, wird uns wohl die heutige Elite als Kulturgut hinterlassen?

Wer heute Geld hat, hat meist keinen Stil, und wer Stil hat, meist kein Geld. Der Snobismus hatte eine gewisse Funktion, solange die Exponenten der Oberklasse einen Stil vorlebten, den es sich zu imitieren lohnte. In dem Moment, in dem die Mitglieder der sichtbaren Oberklasse schlechten Geschmack vorleben oder sich zur puren Vulgarität bekennen, verliert der Snobismus seine erzieherische Funktion.

Aufsätze wie jener von Tilman Krause, der *Merkur* von einer Renaissance der feinen Sitten berichtet, sind daher wahrscheinlich eher ein Pfeifen im Walde. Wenn man, wie Krause zu beobachten glaubt, wieder im Adlon speist, die Herren wieder den Handkuss entdecken und die Damen die «traditionell obligatorische Perlenkette» zu neuer Ehre bringen, dann ist dies meist nur die Simulation von Stil. Eleganz ist, so sie denn noch vorkommt, eine rein äußerliche Angelegenheit geworden; die Zeiten, in denen sie auch symbolischer Ausdruck für eine geistige Haltung war, sind vorbei. Die Menschen, die im Adlon «speisen», sind in den seltensten Fällen aus freien Stücken dort, sondern aus geschäftlichen Gründen oder weil sie von irgendeiner PR-Agentur dorthin eingeladen worden sind.

Im privaten Rahmen, das heißt ohne kommerzielle Hintergedanken, finden zwanglos-mondäne Ereignisse so gut wie nicht mehr statt. An ihre Stelle sind «Events» getreten. Die Simulation von aristokratischem oder großbürgerlichem Lebensstil ist hohl, nicht zuletzt, weil dessen Leitmotiv, der Konservatismus, passé ist – was zum Beispiel daran abzulesen ist, dass es in Deutschland weder auf der politischen noch auf der gesellschaftlichen Ebene Institutionen gibt, deren Zustand Rückschlüsse auf die Lage des Traditionalismus zuließen (wie es zum Beispiel in England anhand der Kirche und des Königshauses möglich ist).

Die Umverteilung der Vermögen ist inzwischen abgeschlossen worden. Am einfachsten zu überprüfen ist dies bei einem Gang durch die Wagen eines ICE. Die älteren, korrekt gekleideten Damen und Herren, die klassischen Erste-Klasse-Reisenden, sitzen nun in der zweiten, die erste Klasse ist von nachlässig gekleideten Jugendlichen, Wehrdienstleistenden, Beamten und Überlebenden des New-Economy-Booms bevölkert. Ähnliches gilt im Flugzeug. Je weiter man sich vom Heck in Richtung Cockpit bewegt, desto vulgärer geht es zu. Auf Fernflügen sitzen in der ersten Klasse hauptsächlich übertrieben geschminkte Frauen mit aufgespritzten Lippen, in der Business-Klasse Vielflieger, die auf Firmenkosten oder Bonusmeilen reisen und ihre soziale Superiorität dadurch ausleben, dass sie das Bordpersonal wie Lakaien behandeln. Passabel gekleidete Familien mit Kindern aber findet man, eingezwängt zwischen den Reisenden in Jogginganzügen, nur noch in der Economy-Klasse. Snobismus kann ohne Vorbilder nicht funktionieren, aber da es keine Gruppe mehr gibt, die für guten Geschmack und Manieren steht, ist der Snobismus tot.

Eine der wenigen Schichten, in der man mit Wohlstand zuverlässig rechnen kann, ist jene der Alt-Achtundsechziger, die in einer Zeit lang anhaltender Hochkonjunktur den Sprung in die freien Berufe schafften und heute arriviert sind. Verblüffend ist, dass es hauptsächlich diese Schicht zu sein scheint, die das, was einmal als «Stil» bezeichnet wurde, für sich entdeckt und uminterpretiert hat. Es sind ehemalige Sozialkundelehrer und Staatsanwälte, die heutzutage in Hochglanz-Magazinen wie *AD* nach Inspiration für die Einrichtung ihrer Ferienhäuser in Norditalien suchen.

Der meist unhöfliche Joschka Fischer mit seinen dreiteiligen Anzügen ist ein deutscher Exponent dieses Phänomens, Bill Clinton ein noch prominenteres Beispiel desselben Typus. Seit Clinton nicht mehr Präsident ist, reist er als Luxustourist um die Welt, sagt sich beim Sultan von Brunei zum Besuch an, nimmt an der Hochzeit des marokkanischen Königs Mohammed VI. teil und nervt die Londoner Gesellschaft mit seinen Aufenthalten. Seine Tochter Chelsea hat er in der Universität Oxford untergebracht. Von Londons Society-Prawda *Tatler* wurde Chelsea bereits in eine Liste der hundert begehrtesten Partygäste aufgenommen, auf Rang 86.

Von Peter Sloterdijk stammt der Satz: «Es ist die Rache der Geschichte an uns Egalitaristen, dass auch wir mit dem Zwang zu unterscheiden unsere Erfahrung machen müssen.» Trotz der jahrzehntelangen krampfhaften «Schwächung der Unterschiede» sei unsere Gesellschaft weiterhin gezwungen, in einem fort Wertskalen, Ränge und Hierarchien auszubilden. Der Sport, die Finanzspekulation und auch der Kunstbetrieb sind laut Sloterdijk psychosoziale Regulatoren, die den «elementaren Neid nicht aufheben, ihm aber eine Form geben». Unser Egalitarismus zwinge uns zu einem historisch beispiellosen «psycho-politischen Kraftakt»: «Der Versuch, agile, eifersüchtige, anspruchsbewegte Massen, die sich in permanenten Wettbewerben um Vorzugsstellungen abarbeiten, vor dem Absturz in die drohende Verliererdepression zu bewahren.» Eines Tages, sagt Sloterdijk voraus, werde es den «Alliierten des Bürgeraufstiegs» wie Schuppen von den Augen fallen, dass auch die moderne Gesellschaft nicht wirklich egalitär sei und ebenso ungerecht und launenhaft wie einst die feudale. Anders ausgedrückt: Alles ist beim Alten, die soziale Ungleichheit bleibt bestehen, nur der Stil der bestimmenden Klasse geht flöten. Oder, um es mit den Worten des reaktionären Aphoristikers Nicolás Gómez Dávila zu sagen: «Die Gesellschaft hat an Vulgarität gewonnen, was sie an Pittoreskem verloren hat.»

Die Qualen der Reichen und Mächtigen

Die Party ist vorbei

Ein alter Schulfreund von mir hatte bis vor kurzem einen beneidenswerten Job: «Lifestyle-Manager» eines skandinavischen Milliardärs. Zu seinen Pflichten gehörte es zum Beispiel, im vergangenen Jahr eine Art Entedankfest zu organisieren, mit dem sein Boss die Gewinne des zurückliegenden Geschäftsjahrs feiern wollte. Er mietete sich eine Insel in der Karibik, ließ Freunde aus aller Welt in gecharterten Jets einfliegen und dazu ein paar Pop-Bands, allesamt in der Kategorie «Kulturgeschichte geschrieben». Für die logistischen Details war mein Freund zuständig. Sein jüngstes Projekt: Die Maßanfertigung einer neuen Superjacht. Mein Freund ist überaus diskret, aber vor ein paar Wochen verriet er mir, dass sein Boss in letzter Zeit etwas angespannt sei. Er sei nämlich mit den Zahlungen an die Schiffswerft im Verzug. Er zahle solche Summen «natürlich» nicht aus seinem Vermögen, sondern mit geliehenem Geld, alles andere wäre «betriebswirtschaftlich Unsinn»: Das Geld, das für solche Zahlungen gebunden wäre, könne ja sonst nicht am Finanzmarkt arbeiten. Ich war nie besonders gut im Rechnen. Aber eines fand ich einleuchtend: Wenn die Milliardäre nicht mehr nur ihre Geschäfte, sondern auch ihr Privatleben mit geliehenem Geld bestreiten, wird's langsam heikel. Meinem Freund wurde jetzt gekündigt. Die plausible Begründung seines Chefs: «I'm sorry, the party is over.»

Wo sind die Butler geblieben?

Der Fall Paul Burrell, all die unanständigen Indiskretionen, die uns regelmäßig aus dem Buckingham-Palast erreichen, führen immer schmerzhaft vor Augen: Man bekommt einfach kein anständiges Personal mehr! Wo sind die Diener geblieben, die sich noch mit den Herrschaften, die sie bedienen, identifizieren? Es gibt sie noch. Aber nur noch im Märchen. Die Geschichte vom Froschkönig endet damit, dass die Prinzessin den Frosch, der unbedingt mit ihr im Bett schlafen will, angeekelt gegen die Wand knallt und sich der verwunschene Frosch in einen wunderschönen Königssohn verwandelt. Der Prinz nimmt seine Prinzessin in einer Kutsche in sein Reich, hinten auf dem Wagen steht Heinrich, der Diener des Prinzen. Es macht einen lauten Knall, der Prinz erschrickt: «Heinrich, der Wagen bricht!» «Nein, Herr, der Wagen nicht», ruft der treue Heinrich glücklich, «es ist ein Band von meinem Herzen, das da lag in großen Schmerzen, als Ihr in dem Brunnen saßt.»

Diese Loyalität von Dienstpersonal, da sollte man sich keinen Illusionen hingeben, gibt es nicht mehr. Würde das Märchen in der heutigen Zeit spielen, würden den Prinzen, sobald er zu Hause angekommen ist, Schlagzeilen empfangen wie: «Der Prinz und sein Leben im Sumpf – Heinrich packt aus.» Froschdamen, die ihn noch aus der Zeit des Verwunschenseins kannten, würden vor die Kamera gezerrt, über jede einzelne

Die Qualen der Reichen und Mächtigen

im Brunnen gezeugte Kaulquappe würde ausführlich im Vorabendprogramm berichtet werden.

Gegen Ende des 19. Jahrhunderts arbeiteten in Deutschland noch fast 1,5 Millionen Menschen als Dienstboten. Selbst für einen verarmten Flüchtling wie Karl Marx war es eine Selbstverständlichkeit, Personal zu haben, in seinen Aufzeichnungen beschwert er sich sogar darüber, «nur zwei» Dienstmädchen zu haben, was dazu führe, dass seine Frau manchmal selber kochen müsse. Heute gibt es in Deutschland gerade mal knapp eintausend offiziell als Dienstpersonal angemeldete Personen (die illegal in Berliner Botschaften angestellten Damen aus den Philippinen nicht mitgerechnet).

Wenn die Unkultur der Insubordination und Indiskretion weiter um sich greift, dürfte dieser Berufsstand bald ganz ausgestorben sein. Menschen wie Jean-Claude Laumond, der Chauffeur des einstigen französischen Präsidenten Chirac, tun jedenfalls alles dafür, diesem die Standesehre zu nehmen. In seinem Buch *25 Jahre mit ihm*, das in Frankreich eine höhere Auflage erzielte als *Harry Potter*, beschrieb er zum Beispiel, was geschah, wenn Monsieur le Président zum Diktat bat: «Die Sekretärinnen kamen stets mit funkelnden Augen und verdrehten Strumpfhosen die Treppe herunter. Es ist ein Wunder, wie er in der Kürze der Zeit sein Hemd wieder in die Hose bekam.» Dégoutant.

Manchmal sind es aber auch die Herrschaften, die durch schlechtes Benehmen oder unsittliche Avancen bei den Dienstboten über Jahre den Wunsch wachsen lassen, sich zu rächen und sich so die Pension aufzubessern. Die Klasse, die heutzutage Personal beschäftigt, ist nämlich auch nicht mehr die,

die sie mal war. Immer weniger Menschen mit Stil verfügen über Vermögen, dafür umso mehr Leute ohne Stil. Es gab eine Zeit, da gehörte in besseren Kreisen die Lehre über den respektvollen Umgang mit dem Personal zur Erziehung. Bedienstete mussten mit fast zuvorkommendem Respekt behandelt werden. Wenn man feierte, räumte man wenigstens so weit hinter sich auf, dass am nächsten Morgen das Personal nicht angeekelt die Reliquien der Nacht beseitigen musste. Ein Bett hinterließ man nicht zerwühlt, Kleider zerstreute man nicht auf dem Boden, auch – ja besonders dann – wenn hinter einem aufgeräumt wurde.

Privatsphäre ist etwas, das man als Arbeitgeber von Dienerschaft übrigens verwirkt hat. Wer sich vor seinem Personal verstellen oder verstecken muss, wird deren Sklave und kann das Vergnügen, das Personal im Idealfall bedeutet, nie wirklich auskosten. Es ist eben ein ganz wesentlicher Bestandteil dieses Luxus, dass einem vor einem Butler nichts peinlich sein muss. Wenn Boris Becker in seinen Memoiren schreibt, die ständige Gegenwart von Angestellten sei einer der Scheidungsgründe gewesen, weil «ständig Menschen im Haus» gewesen seien und er nie habe «nackt durchs Haus laufen» können, zeigt dies eindrucksvoll, dass er trotz all seines Ruhms und seiner Millionen, was seine Mentalität betrifft, nie über Leimen hinausgewachsen ist. Beckers Angestellte in München-Bogenhausen waren, muss man dazu wissen, nicht aufdringliche Engländer oder Deutsche, sondern aus Thailand. Thailändische Angestellte sind der ultimative Luxus, weil sie die Kunst beherrschen, sich regelrecht unsichtbar zu machen. Sie tun alles; bleiben immer im Hintergrund, wenn sie etwas nicht sehen sollen, sehen sie

Die Qualen der Reichen und Mächtigen

einfach weg; sie sind da und doch nicht präsent. Wer so eine Gegenwart als belästigend empfindet, hat nichts von *savoir vivre* verstanden.

Privatsphäre ist ohnehin etwas für Leute ohne Klasse, wie mein Freund Asfa-Wossen Asserate eindrucksvoll in seinem grandiosen Buch *Manieren* nachwies. Und eine sehr junge Erfindung. In der vorindustriellen Welt gab es keine Privatsphäre. Das Leben war öffentlich. In der untersten sozialen Schicht, in der alle kreuz und quer im einzigen warmen Zimmer schliefen, bis ganz oben. Im Schlafzimmer des Königs schlief auch der Diener, der – zum Beispiel in Frankreich – mit dem Monarchen mit einer Schnur von Handgelenk zu Handgelenk verbunden war.

Heute teilen wir das Leben in einen öffentlichen und einen privaten Bereich, was nicht nur überaus spießig ist, sondern für den heimischen Bereich auch mit einem sagenhaften Sitten- und Stilverfall einhergeht. «Manieren», schreibt Asfa, «gelten in der Freizeitzone des Privatlebens inzwischen als Last und Bedrückung, der nach der Arbeitswoche zu entkommen man sich berechtigt hält.» Der hochbezahlte Manager, der sich teuerst gekleidet und geschniegelt ins Büro chauffieren lässt, aber zu Hause dann mit Jogginganzug mit Füßen auf dem Tisch vor dem Fernseher sitzt, ist ein sicheres Symptom für den Niedergang einer Zivilisation, die es eigentlich gar nicht mehr verdient, über Personal zu verfügen. Und ein Zeichen für den Niedergang dessen, was Asfa als «die Existenz aus einem Guss» nennt.

Nur bei manchen Adeligen hat sich der nonchalante Umgang mit Angestellten konserviert, der in seiner extremen

Spielart eine sehr sympathische Versklavung der Herrschaften unter ihrer Dienerschaft bedeutet. Der Vater des jetzigen Herzogs von Marlborough verreiste einmal ohne seinen Leibdiener und wunderte sich, als er morgens versuchte, sich die Zähne zu putzen, dass seine Zahnbürste nicht schäumen wollte. Sein Sohn Sunny, der heutige Herzog von Marlborough, ist zwar so fortschrittlich, dass er sich ohne fremde Hilfe die Zähne putzen kann. Für die Benutzung seines Handys und der Fernbedienung seines Fernsehers ist er aber – getreu der Familientradition – auf die Hilfe seines Butlers angewiesen.

Muss Charity sein?

Wenn sogenannte Charity-Ladys in Deutschland zu sogenannten Charity-Bällen einladen, ist das ein guter Grund, unterzu-
tauchen und erst dann wieder sein Gesicht zu zeigen, wenn die
Gefahr gebannt ist, dabei sein zu müssen. Ein sonst sehr netter
Kollege wollte mich neulich überreden, zu Ute Ohovens Unesco-
Gala zu fahren. Sicher hatte er es gut gemeint, aber ich würde
lieber eine Zahnwurzelbehandlung oder ein wissenschaftliches
Kolloquium über Pilz-Pflanzen-Symbiosen über mich ergehen
lassen, als einer Spendengala bei Frau Ohoven beizuwohnen.

Gestern rief mich dann ein Freund an, der mir von der
Charity-Party des letzten noch nicht bankrotten Londoner
Hedgefonds-Genies Arpad («Arki») Busson vorschwärmte. Um
da dabei sein zu können, hätte ich wiederum einer sofortigen
Organspende zugestimmt. Es muss ein unglaubliches Fest
gewesen sein.

Arki, der Freund von Uma Thurman, hatte ins prachtvolle
Marlborough House an der Londoner Pall Mall eingeladen. Die
Gäste waren nicht wie bei hiesigen Wohltätigkeitsfesten Miet-
Promis (für deren Stundengagen dann ein Großteil der Ein-
nahmen draufgehen), sondern allesamt Selbstzahler, darunter
Bob Geldof, Jemima Khan, Zac Goldsmith, die A-Liste der deut-
schen Exilanten in London (Bismarcks, Flicks, Sachs) sowie die
Top-Player der Investment-Banker-Szene, die Arki übrigens
neidlos als ihren Primus inter Pares anerkennen.

Das preiswerteste Eintrittsticket kostete 15 000 Euro, der Erlös des Abends, geschätzte 40 Millionen Euro, gingen an Bussons Stiftung «Absolute Return for Kids» (ARK), die Kinderhilfsprojekte in der ganzen Welt unterstützt. Ein Ticket für die Tombola kostete lasche 15 000 Euro, dafür waren unter den Gewinnen auch begehrenswerte Preise, etwa eine Halskette mit sechs fünfkarätigen Diamanten und eine zweiwöchige Safari im Great Rift Valley in Kenia. Einer der Spender ersteigerte einen Sitzplatz bei der Oscar-Verleihung (samt Einladung zu Elton Johns Pre-Oscar-Party) für 400 000 Euro. Während in Deutschland solche Veranstaltungen erst als Erfolg gelten, wenn als Hauptspeise Schlachtplatte serviert wird, gab's bei Arkis Party Leckerbissen wie Carpaccio vom Kobe-Rind mit Foie gras, gegrillten Wolfsbarsch und Litschi-Zitronengras-Sorbet.

Warum sind Luxusgüter kein Luxus?

Ein Vorfall in jüngster Zeit, der den Managern der Luxusgüterindustrie Kopfzerbrechen bereitet, sollte auch uns zu denken geben: Frédéric Rouzaud, der Vorstandschef des Champagnerhauses Louis Roederer, wurde von der Zeitschrift *The Economist* gefragt, ob die Beliebtheit des Champagners Roederer Cristal in der Rapmusikerszene dem elitär-eleganten Image seiner Marke schade. «Das ist eine gute Frage», antwortete Rouzaud, «aber was können wir dagegen tun? Wir können den Leuten ja nicht verbieten, unseren Champagner zu kaufen.» Diese unbedachte Bemerkung löste einen Sturm der Entrüstung im afroamerikanischen Musikestablishment aus. Der Rapstar und Musikproduzent Jay-Z empörte sich über Rouzauds rassistischen Ton: «Was er eigentlich sagen wollte, war sicher ‹Danke›» – für die kostenlose Publicity, die Jay-Z und andere Rapmusiker dem Champagnerkonzern durch die Verewigung von Cristal in ihren Reimen zuteil werden ließ –, «alles andere als ‹Danke› ist schlicht rassistisch.»

Frédéric Rouzaud hat nun mehrfach versucht zurückzurudern. Vergeblich. Roederer Cristal wird von wohlhabenden Schwarzen in Amerika systematisch boykottiert. In Nachtclubs wie dem Plumm in Manhattan werden nur noch Veuve Clicquot und Dom Pérignon getrunken. Ein kleines Problem für die Rapper ist allenfalls, dass beim Komponieren ihrer Songs die Namen dieser Champagnermarken nicht so mühelos in einen Reim passen wie (Roederer) Cristal. Einst rappte Jay-Z: «I keep it realer than most / I know you're feeling it / Cristal on ice, I like to toast / I keep spillin' it.» Das geht ja jetzt nicht mehr.

Der Fall ist symptomatisch für ein Problem, das die Luxusgüterindustrie in Bann hält: Wie verhindert man, dass die *falschen* Kunden die *richtigen* Produkte kaufen und damit dem exklusiven Image der Marke schaden? Bis in die achtziger Jahre waren Luxusgüter Nischenprodukte, Firmen wie Hermès, Louis Vuitton, Gucci, Tiffany oder Prada mussten keine Gedanken daran verschwenden, wie sie ihren Produkten die Aura der Exklusivität verleihen konnten – diese waren einst schlicht exklusiv, weil sie allein durch ihren Preis die meisten Käufer ausschlossen. Doch seit den neunziger Jahren ist der Luxusgütermarkt rasant gewachsen – größerer Wohlstand, neu erschlossene Märkte und neue Käuferschichten. Das Wachstum des Segments in den vergangenen zehn Jahren hat zwar einerseits dazu geführt, dass der Börsenwert der Luxusgüterkonzerne nie für möglich gehaltene Höhen erreicht hat, andererseits ist Luxus gewöhnlich geworden. Modekaufhäuser mit schlichterem Image sind längst auf den Zug aufgesprungen, lassen sich von Top-End-Leitfiguren wie Karl Lagerfeld preiswerte Kollektionen entwerfen, selbst Jil Sander stand kurz vor einem erneuten Comeback, als ihr eine amerikanische Billigmarke ein Angebot machte, um elitäre Mode den Massen zugänglich zu machen. Sie hat es in letzter Sekunde abgelehnt. Das Wachstum, vor allem durch die Erschließung des chinesischen Marktes, ist nicht mehr aufzuhalten. Laut Analysten wird China spätestens 2017 der wichtigste Markt für Luxusgüter sein, vor Amerika und Europa.

Die Manager der Luxusgüterkonzerne stecken in einer Sinnkrise. Verweigern sie sich dem Wachstum, werden die Shareholder ihrer Firmen eher früher als später rebellieren und sie gegen wachstumsorientierte Manager eintauschen. Verschließen sie sich dem Wachstum nicht, laufen sie Gefahr, ihre Markenaura zu beschädigen. «Sie können ein florierendes Luxusgüterunternehmen in knapp fünf Jahren in Schutt und Asche legen, wenn Sie das Image beschädigen», erklärte der Chef von Hermès, Patrick Thomas, als ich ihn zu diesem Thema befragte. Er erläuterte, dass es für ihn ein Kinderspiel wäre, den Umsatz seines Unternehmens kurzfristig zu verdoppeln, in dem er T-Shirts und andere minderwertige Produkte mit dem Hermès-Logo versähe – doch wenn er das täte, sei die Marke innerhalb kürzester Zeit mausetot. Und dann sagte er einen Satz, der für Manager ungewöhnlich ist: «Wachstum gehört nicht zu unseren Zielen.»

Patrick Thomas prophezeit eine Aufspaltung des Luxusgütermarktes. Auf der einen Seite werden die Unternehmen stehen, die sich auf die handwerkliche Exzellenz zurückbesinnen und auf – zumindest schnelles – Wachstum verzichten. Auf der anderen Seite jene Unternehmen, die ihr Prestige dem kommerziellen Erfolg opfern. Eine der am schnellsten wachsenden Luxusmarken ist Bottega Veneta, die zum wachstumsorientierten Gucci-Konzern gehört, aber eine andere Strategie verfolgt als der Mutterkonzern. Die Handtaschen von Bottega Veneta sind von handwerklich einzigartiger Qualität und stellen, da sie vollkommen ohne angeberisches Logo auskommen, die perfekte Antithese zum ostentativen Bling-Bling-Trend dar. Die Zielgruppe von Bottega Veneta sind Käufer, die sich an der greifbaren Qualität der Produkte delektieren, aber nicht wollen, dass jeder auf den ersten Blick erkennt, wer der Hersteller ihrer Handtasche ist. 2006 ist der Umsatz bei Bottega Veneta um 54 Prozent auf 100 Millionen Euro in die Höhe geschossen. Der Chef von Gucci, Robert Polet, hat erklärt, dass er den Umsatz auf maximal 500 Millionen Euro erhöhen will – «danach ist Schluss. Der Umsatz einer Marke wie Bottega Veneta darf nie die Milliardengrenze erreichen.»

Die Luxuskonzerne wiederum, die durch ihre Besitzverhältnisse zu Wachstum verdammt sind, haben eine andere Strategie gewählt, um dem Fluch der Vermassung zu entkommen, um dem Phänomen zu begegnen, dem das Amsterdamer Forschungsinstitut Trendwatching.com den treffenden Begriff *Massclusivity* verliehen hat. Das Rezept heißt «Über-Premium-Segment» beziehungsweise «Erlebnis-Konsum». Der größte Luxuskonzern der Welt, die LVMH-Gruppe (Dior, Givenchy, Louis Vuitton, Moët & Chandon, Hennessy, um nur einen Bruchteil der Tochterfirmen zu nennen), hat in Tokio das Luxuskaufhaus Celux eröffnet, das nur für Mitglieder zugänglich ist. Wer Mitglied werden will, muss sich einer mühsamen Prozedur unterziehen und erhält, wenn er aufgenommen wird, gegen eine Gebühr von 2000 Euro eine Magnetkarte, die Zugang zu dem Gebäude verschafft. Dort bekommt man dann Produkte von Louis Vuitton und anderen Luxusmarken, bevor sie offiziell auf dem Markt sind. Man darf auch an Clubabenden teilnehmen, an denen Kinofilme vorgeführt werden, ehe sie in die Kinos kommen, und wird von wechselnden Spitzenköchen kulinarisch verwöhnt. Vor allem, und das ist der Clou, darf man in dem angenehmen Gefühl baden, Teil von etwas zu sein, das nicht jedem offensteht. Ein ähnliches Konzept verfolgt das Nobelkaufhaus Daslu in São Paolo (mit eigenem Hubschrauberlandeplatz), das auch nur für Mitglieder zugänglich ist.

Selbstverständlich verfügen Kaufhäuser wie Celux und Daslu (demnächst auch der Berliner China Club mit seiner engen Anbindung an das Edelkaufhaus Quartier 206) über Style-Berater, die sich für die Gestaltung des Lebensstils und zur Beratung bei Konsumfragen bis hin zur Erledigung des Weihnachtsshoppings engagieren lassen. Luxuskonzerne machen damit verstärkt jenen Kundenschichten den Hof, die sich von der Vermassung ihrer Produkte abgeschreckt fühlen, und bieten ihnen wahrhaft exklusive Erlebniswelten. Damit bewegen sie sich weg von reinen Warenherstellern hin zu Dienstleistern. Armani und Bulgari haben diesen Weg am konsequentesten beschritten. Bulgari, eigentlich ein römischer Juwelier, betreibt inzwischen ein Hotel in Mailand und eröffnet ein weiteres auf Bali. Armani, der in Mailands Via Manzoni eine Art Erlebniskaufhaus mit Restaurants und einem exquisiten Schokoladengeschäft betreibt (eine kleine Version befindet sich in der Passage Fünf Höfe in München), wird 2008 auch Hotels eröffnen, zunächst in Mailand und in Dubai.

Der Juwelier Boucheron hat sich zu einem diskreteren Weg entschlossen, um sich für Käuferschichten jenseits der gängigen Einkaufsstraßen interessant zu machen. Als Boucheron jüngst ein Geschäft in Schanghai eröffnete, lud man in aller Stille die 30 reichsten Personen der Stadt zu einem vierstündigen Dinner ein, für das ein Drei-Sterne-Koch aus Paris eingeflogen worden war. Ähnlich verfährt Cartier, das einerseits als die traditionsreichste und elitärste Luxusmarke gelten kann, andererseits aber durch «Les Must» der Vorreiter der Luxus-Demokratisierung war und unter seiner Beliebtheit, zum Beispiel bei Fußballerfrauen und Quizmoderatoren, inzwischen leidet. Der Europachef von Cartier, Arnaud Bamberger, hatte durch Freunde erfahren, dass in den elitärsten Schichten Londons ein Kartenspiel immer beliebter wurde, eine Art simplifiziertes Bridge, und überredete einige Alphawölfe aus Londons High Society, einmal im Jahr in den Cartier-Geschäftsräumen ein Turnier abzuhalten. Dies hat inzwischen Kultstatus, aber es stand noch nie ein Wort davon in der Presse, es ist ein absolutes Insider-Event. Damit verbesserte Cartier auf einen Schlag seine Credibility in jenen Gesellschaftsschichten, die es einst groß gemacht haben und die es zu verlieren drohte.

Ach ja, und dann gibt es da noch die Marken, die eine derartige Ausstrahlungskraft haben, dass ihnen selbst die schlimmste *Massclusivity* nicht schadet. An meinem Armgelenk mahnt mich eine Rolex aus Stahl, dass es nun an der Zeit ist, diesen Text abzuliefern. Rolex hat eine verblüffend robuste Aura. Selbst die Tatsache, dass neun von zehn Zuhältern auf St. Pauli dieselbe Uhrenmarke tragen wie ich, kann dieser Uhr seltsamerweise nichts anhaben.

Wie wichtig sind Cocktailpartys?

«Es gehört zum Wesen der Cocktailparty, dass man hingeht und sich doch über sie mokiert.» Dieser weise Spruch stammt von Heinrich Böll, der damit den Kern traf, obwohl er nicht im engeren Sinne als Gesellschaftslöwe bezeichnet werden konnte. Worüber man sich gern aufregt, ist zum Beispiel die Tatsache, dass auf einer Cocktailparty alle durcheinanderschnattern. Die Wissenschaft spricht in diesem Fall vom «Cocktail-Party-Effekt». Forscher haben nämlich unlängst herausgefunden, dass das menschliche Gehör die Fähigkeit besitzt, «bei Anwesenheit mehrerer Schallquellen die Schallanteile einer Schallquelle aus dem Gemisch zu extrahieren», also nur die Worte eines Sprechers wahrzunehmen und die der anderen zu unterdrücken.

Dem Konkurrenzorgan Auge geht die Fähigkeit, einzelne Reize herauszufiltern und andere auszublenden, erfreulicherweise ab. Das Auge sieht alles und alle, und dessen ist sich die auf eine Cocktailparty eingeladene Dame durchaus bewusst. Sie weiß, dass ein Cocktailkleid auch ein erotischer Eyecatcher zu sein hat, dies umso mehr, als ein Cocktail der perfekte Ort für (meist unverbindliche) Flirts ist. Dementsprechend sollten auch Cocktailkleider aussehen. Entscheidend dafür ist der Schnitt des Kleides – körperbetont und dekolletiert –, das kann auch ein überraschend tiefer Rückenausschnitt sein. Sinnlich lockende Farben tragen zum «honey trap»-Effekt bei (rosé, pink oder puderfarben).

Brauchen Kinder Vielfliegerkarten?

Gerade hat mir die Lufthansa unaufgefordert eine Vielflieger-karte für meine Tochter zugesandt. Das ist insofern bemer-kenswert, als meine Tochter erst sechs Jahre alt ist und eigent-lich die British Airways bevorzugt. Unsinn. Merkwürdig ist das natürlich deshalb, weil meine Tochter, obwohl sie beim Fahrradfahren manchmal hinfliegt, beim besten Willen nicht in die Kategorie Vielflieger gehört. Das Frequent-Flyer-Pro-gramm der Lufthansa für Kinder heißt übrigens Jet Friends, was schade ist, denn der viel passendere Name wäre eigentlich Frequent Crier.

Das Anschreiben, mit dem uns die Karte zugesandt wurde, ist eine Wonne. Meine Tochter wird natürlich mit ihrem Vor-namen angeredet, und am Ende des Briefes steht ein Satz, bei dem es sich einen Moment zu verweilen lohnt: «Solltest du eine Frequent-Traveller- oder Senatorkarte besitzen, behält diese weiterhin ihre Gültigkeit.»

Ich male mir gerade aus, wie ein sechs Jahre altes Mädchen mit einem Teddybär unterm Arm, ein Prinzessin-Lillifee-Köf-ferchen hinter sich herziehend, am Frankfurter Flughafen an verdutzten Geschäftsmännern vorbeispaziert, um sich dort anzustellen, wo der rote Teppich vor dem Check-in-Schalter ausliegt – wo man eben nur mit einem Ticket erster Klasse oder einer Senatorkarte anstehen darf, ihre Vielfliegerkarte zückt und die Dame vom Bodenpersonal daran erinnert, dass sie

Die Qualen der Reichen und Mächtigen

für ihren Flug nach JFK ein Spezialmenü bestellt hat (belegte Mausbrötchen).

Um eine Senatorkarte der Lufthansa zu erhalten, muss man sich innerhalb eines Kalenderjahres mindestens 130 000 Statusmeilen erfliegen – das entspricht etwa zehn interkontinentalen First-Class-Flügen. Welches Kind, bitte sehr, fliegt so viel?

Womöglich gibt es diese Art Kunden ja wirklich. Scheidungskinder vielleicht. Mutti lebt im Taunus, Vati arbeitet im Vorstand eines New Yorker Hedge-Fonds. Und da er laut Scheidungsvertrag Besuchsrecht hat, aber keine Zeit, um regelmäßig nach Deutschland zu kommen, fliegt das Kind eben jedes dritte Wochenende zu ihm. Das ist so ziemlich das einzige Szenario, das ich mir vorstellen kann, um als Kind den Senatorstatus zu erreichen.

Um der Sache auf den Grund zu gehen, habe ich mich bei einigen Fluggesellschaften erkundigt, ob Kleinkinder in der First Class eigentlich ungewöhnlich sind. Das Ergebnis: keineswegs! In Amerika reisen mittlerweile mehr als doppelt so viele Babys und Kleinkinder in der First Class wie vor wenigen Jahren. Und die Fluglinien tun ihr Bestes, um diese Kundschaft zu umgarnen. American Airlines serviert auf der richtigen Seite des eisernen Flugvorhangs Chicken Nuggets, Virgin Atlantic stellt den Nachwuchs mit Nintendo-Spielen ruhig, und Gulf Air – und das finde ich einen geradezu genialen Schachzug – entlastet die Eltern mit sogenannten Sky Nannys, also Kindermädchen, die sich auf Langstreckenflügen um die kleinen Passagiere kümmern, mit ihnen spielen und malen.

Inzwischen hat das First-Class-Fliegen von Babys und

Kleinkindern derart überhandgenommen, dass sich bereits «Baby von Bord»-Lobbys zusammenrotten. Geschäftsleute, die viel Geld zahlen, um es dort oben bequem und ruhig zu haben, ärgern sich über das zunehmende Gequake und Gesabber in der First Class. Das *Wall Street Journal* berichtete neulich über einen erbosten Passagier der British Airways, der einen First-Class-Flug von London nach Barbados neben einem lärmenden Baby verbrachte.

Die Fluglinie erwies sich übrigens als entgegenkommend und erstattete dem Passagier einen Teil seines Ticketpreises. Bei kreischenden, quengelnden und sabbernden Kindern gilt für das Gros der First-Class-Passagiere das Motto: Nur fliehen ist schöner.

Die Qualen der Reichen und Mächtigen

Warum sind Milliardäre anders?

Gestern habe ich am Flughafen von Pisa eine seltsame Beobachtung gemacht. Auf dem Rollfeld gab es nur zweierlei Flugzeuge: Privatjets und Billigflieger. Ich glaube, dass der Flughafen von Pisa eine Vorahnung davon vermittelt, in welche Richtung sich unsere Gesellschaft bewegt. Bald wird es nur noch zwei Arten von Konsumenten geben: sehr, sehr reiche Menschen und solche, die jeden Cent zweimal umdrehen müssen.

Bei der Paris Air Show hat der milliardenschwere Unternehmer Robert Bass gerade sein Konzept eines Überschallprivatjets vorgestellt. Mit diesem Flugzeug wird es, wie er stolz verkündete, möglich sein, in New York zu frühstücken, dann zu einem Termin nach London zu fliegen und zum Abendessen wieder zurück in New York zu sein. Der Jet soll 80 Millionen Dollar kosten. Angeblich kann er sich vor Interessenten kaum retten. Ebenfalls bei der Air Show wurde bekannt, dass ein Privatmann, dessen Nationalität nicht verraten wurde, soeben den übergroßen Airbus A380 bestellt habe, um ihn sich für seinen Privatgebrauch umbauen zu lassen. Kostenpunkt (ohne Umbau): 319 Millionen Dollar.

Robert Frank, der für das *Wall Street Journal* die «Wealth Report»-Kolumne schreibt, hat über die neue Klasse der Superreichen das faszinierende Buch *Richistan* verfasst. 1985, schreibt er darin, habe es in Amerika 13 Milliardäre gegeben, heute seien es über 1000. Die Zahl der Millionäre sei in Amerika inzwischen sogar größer als die der Gesamtbevölkerung von Österreich oder Schweden.

Ein Prozent der reichsten Amerikaner verfügte gar über ein höheres Einkommen als das Bruttosozialprodukt von Frankreich. Weiterhin hat Robert Frank ausgerechnet, dass der Reichtum eines John D. Rockefeller, zu seiner Zeit absolut einzigartig, heute gerade mal mittlerer Durchschnitt unter den Superreichen ist: Rockefeller verfügte auf seinem Zenit, angepasst an die heutige Kaufkraft, über etwa 14 Milliarden Dollar – das ist weniger, als heute jedes der fünf Kinder von Sam Walton besitzt.

Das Interessante an der neuen Klasse der Superreichen ist, dass sie in einer völlig separaten Welt leben, die kaum noch Berührungspunkte mit der Welt der «normalen» Reichen hat. Wir befinden uns in einer interessanten Phase der Weltgeschichte, in der sich eine völlig neue Feudalklasse bildet. Für die meisten von uns übrigens ist sie weitgehend unsichtbar.

Roman Abramowitsch etwa wäre absolut unsichtbar, wenn er sich nicht alle paar Wochen auf seinem Ehrenplatz auf der Tribüne seines Fußballstadions in Chelsea huldvoll dem Volk zeigen würde. Den in London lebenden indischen Multimilliardär Lakshmi Mittal hat – bis auf die Handvoll Mitglieder seines Konzernvorstands – noch so gut wie niemand zu Gesicht bekommen. Wenn der Sultan von Brunei mit seiner Boeing in London einfliegt, wird ein Teil des Flughafens abgesperrt, damit niemand seiner ansichtig wird.

Neulich war ich zu einem Abendessen bei sehr reichen Amerikanern in Venedig eingeladen und hörte, wie die 16 Jahre alte Tochter des Hauses einen originellen Wunsch äußerte: «Ich

würde so gerne mal in einem normalen Linienflugzeug fliegen.»
Das Mädchen war bisher in ihrem Leben nur im elterlichen
Privatjet gereist und hatte noch nie ein Passagierflugzeug von
innen gesehen. Irgendwie beruhigend, dass in der neuen Feudalklasse vereinzelt noch der Wunsch existiert, einmal die Welt
der Unterklassigen mit eigenen Augen zu begutachten.

Warum neigen Royals zu Wahnsinn?

Erstaunlich gute Bücher sind erschienen, in denen Abkömmlinge aus aristokratischen Familien über den alltäglichen Wahnsinn ihrer Kinderstube berichten. Edward St Aubyn beschreibt in seinem Roman *Schöne Verhältnisse* in wirklich gelungen lakonischem Ton die Hölle seiner Upperclass-Kindheit. Noch großartiger ist ein Buch, das derzeit in Englands besseren Kreisen für Aufsehen sorgt. Leider ist es noch nicht übersetzt: *Title Deeds* von Liza Campbell. Liza entstammt einem der ältesten Adelshäuser Schottlands und wuchs auf Burg Cawdor auf (wo Shakespeares *Macbeth* spielt). Da sie schonungslos beschreibt, wie ihr Vater in den Gemäuern von Cawdor immer mehr dem Wahnsinn verfiel, sind die meisten ihrer Verwandten über das Buch entsetzt und grenzen Liza nun als Nestbeschmutzerin aus.

Ihr Vater, im Buch zärtlich Pa genannt, verschleuderte in kürzester Zeit ein knapp 600 Jahre altes Vermögen, die einzige Konstante in seinem Leben schien die Vorliebe zu sein, die Kinderschwestern zu verführen und jeden Monat einen italienischen Sportwagen zu Schrott zu fahren («Scheiß Bremsen!»). Eine meiner liebsten Passagen in dem Buch beschreibt, wie die Essgewohnheiten ihres Vaters immer exzentrischer wurden. Als ihn das Essen seiner Köchin Edith langweilt, lässt er Schwäne und Eichhörnchen auftischen, und erst als es eines Tages gebratenen Adler zum Abendessen gibt, leistet seine eingeschüchterte Familie – zaghaft – Widerstand.

Woran liegt es eigentlich, dass gerade Abkömmlinge besonders ruhmreicher Familien immer wieder dem Wahnsinn anheimfallen? Ist es der Druck, unter Bildern von Ahnen aufzuwachsen, die Kriege und historische Schlachten gewonnen haben, deren Blick einem von frühester Kindheit an suggeriert, verglichen mit ihnen ein Versager zu sein? Oder sind es ganz banale Stoffwechselstörungen, die durch eine Heiratspolitik natürlich potenziert werden, bei der Ehen innerhalb der weiteren Verwandtschaft als wünschenswert gelten?

Seit Jahren versucht der deutsche Historiker John C. G. Röhl nachzuweisen, dass alle Nachkommen Queen Victorias – und damit die Prinzen und Prinzessinnen aller europäischer Königshäuser – unter einer Neigung zur Porphyrie leiden, einer zu manischen Ausfällen führenden Stoffwechselkrankheit, an der schon der als «der Wahnsinnige» in die Geschichte eingegangene englische König George III. gelitten haben soll. Um das zu beweisen, benötigte er aber Stuhlproben lebender Nachkommen (es sind inzwischen fast 800), da die Krankheit anhand eines Enzyms zu erkennen ist, das im Stuhl nachweisbar ist. Das scheiterte bisher daran, dass sich unter den königlichen Hoheiten niemand bereit erklärt, Professor Röhl seine Exkremente auszuhändigen.

Allein der Vater von Ernst August von Hannover machte mit, allerdings nur, um sich einen Spaß zu erlauben, denn er schickte Röhl nicht seine, sondern die Stuhlprobe von einem seiner Hausgäste. Trotz mehrfacher Anfragen weigert sich – aus durchaus verständlichen Gründen – der heutige Chef des Hauses Hannover, Prinz Ernst August, standhaft, einschlägigen Wünschen nachzukommen. Leider werden wir wohl nie wissenschaftliche Gewissheit darüber erlangen, warum Prinz Charles mit Blumen spricht und Ferfried von Hohenzollern einen fehlgeleiteten Frauengeschmack hat. Andererseits ist es aber recht drollig, dass der gute Professor Röhl mit seinen Forschungen nicht zu Potte kommt, weil ihm der Zugang zu den Nachttöpfen verwehrt bleibt.

Die Qualen der Reichen und Mächtigen

Muss man den Genuss von Bordeaux strenger reglementieren?

Auch ich möchte mich in den Chor derer einreihen, die sich über den Weinsammler Hardy Rodenstock empören. Der amerikanische Milliardär Bill Koch hat ihn wegen angeblich gefälschter Weinraritäten verklagt. Und ich nehme die Gelegenheit wahr, meinem Ärger darüber Luft zu machen, dass Hardy mich in meiner Jugend komplett verdorben hat: als ich nämlich 17 Jahre alt war und er sich einen Spaß daraus machte, mich mit Weinraritäten abzufüllen. Das traurige Resultat ist, dass ich heute nicht mehr imstande bin, Wein zu trinken, da mein Gaumen schon so frühzeitig damit vertraut gemacht wurde, wie Wein im Idealfall zu schmecken hat (wie ein 1945er Pétrus nämlich), dass heute selbst wirklich gute Weine für mich fad schmecken.

Rodenstocks Komplize war damals Eckart Witzigmann, der Besitzer des Aubergine. Ecki kochte für unsere Weinverkostungen immer etwas, was nicht auf der Karte stand, und ich erinnere mich mit Wonne, wie die Leute an den Nachbartischen, die «fein» essen gehen wollten, verzweifelt die Menükarte nach den Dingen durchsuchten, die wir aßen (zum Bordeaux am liebsten Ochsenschwanz).

Unvergesslich ist mein 18. Geburtstag. Meine Schwester Gloria hatte zum Dinner auf ihre Jagdhütte geladen. Hardy brachte die Weine mit – alle aus meinem Geburtsjahrgang. Die

Gästemischung war bizarr, reichte von Peter Gauweiler bis Friedrich Dürrenmatt, der sich gegen ein Uhr nachts plötzlich erhob und, beseelt vom Wein, eine zärtliche Rede auf die Wildschweine hielt, die ihm auf der Fahrt hinauf zur Jagdhütte den Weg versperrt hatten.

Einer der Vorwürfe gegen Hardy Rodenstock ist, dass er ein Hochstapler sei, denn sein wahrer Name laute Meinhard Görke. Wenn das stimmt, habe ich Verständnis dafür, dass er einen hübscheren Namen angenommen hat. In den achtziger Jahren gab es in London einen Tai-Chi-Lehrmeister namens Tia Honsei. Jeder in Londons besseren Kreisen, der etwas auf sich hielt, ließ sich von Tia unterrichten. Er hatte das Auftreten eines japanischen Zen-Meisters, aber jeder wusste, dass er in Wahrheit Ronald Thatcher hieß und aus Cardiff stammte. Aber keiner wäre je auf die Idee gekommen, ihn «Ron» zu nennen. Der ganze Zauber wäre hin gewesen – und die Hauptsache war ja, dass er ein großartiger Tai-Chi-Lehrer war.

Zurück zum Fall Rodenstock: Es sieht so aus, dass die Bordeauxflaschen, die Hardy Rodenstock in den Achtzigern mit der Behauptung auf den Markt brachte, sie stammten aus dem Besitz des dritten US-Präsidenten Thomas Jefferson, nicht ganz koscher sind. Dass Bill Koch, der eine halbe Million Dollar für vier der Flaschen zahlte, darüber wenig erbaut war, ist nachvollziehbar. Allerdings muss auch die Frage erlaubt sein, ob man Bill Koch mit gutem Gewissen überhaupt echten Wein verkaufen darf. Erstens ist es aktenkundig, dass er unter Alkoholeinfluss recht unangenehm ist (seine Frau gab in einem Prozess wegen häuslicher Gewalt zu Protokoll, dass er «die ganze Familie mit seinem Gürtel totzuprügeln» drohte),

Die Qualen der Reichen und Mächtigen

zweitens ist er das, was man in Weinkreisen «Trophäentrinker» nennt. Das sind Neureiche, die keine Ahnung von Wein haben, aber grundsätzlich nur das Allerteuerste kaufen. Es gibt leider kaum noch ältere Jahrgänge des Château Petrus, weil Leute wie Koch alles aufgekauft haben.

Die größte Plage sind derzeit reiche Chinesen. Sie lassen sich für Phantasiesummen die letzten guten Flaschen Pétrus ins Land schmuggeln. Dabei ist es ihnen völlig egal, dass der Wein kaputtgeht, wenn er im Flugzeug durchgeschüttelt wird. Sie wissen eh nicht, wie er schmecken sollte. Schon aus Freude an der Dialektik muss die Frage erlaubt sein, ob man sich nicht um das Weltkulturerbe verdient macht, wenn man diesen Leuten Fälschungen verkauft.

Ist England immer noch eine Kasten-Gesellschaft?

Angela Merkel hat David Cameron, Englands neuem Oppositionsführer, einen Brief geschrieben und ihm zu seinem neuen Posten als «Führer» der Konservativen Partei gratuliert, worüber sich Londons Zeitungen mit ihrer notorischen 33–45-Fixiertheit lustig gemacht haben. Doch was hätte sie sonst schreiben sollen? *Leader*, also Führer, ist nun mal der offizielle Titel des Kopfes der Tory-Partei. Parteivorsitzender ist er nicht, dieser Posten entspricht im politischen System auf der Insel eher der des hiesigen Bundesgeschäftsführers oder Generalsekretärs einer Partei.

Ähnlich *one-track-minded*, also gedanklich eingeengt, wie die Briten im Umgang mit Deutschen sind, verhalten sich Briten untereinander, wenn es um Fragen der Klassenzugehörigkeit geht. Die Engländer kann man guten Gewissens, selbst wenn man Pauschalisierungen ablehnt, als hoffnungslos klassenfixiert bezeichnen. Der innerparteiliche Wahlkampf bei den Tories, an deren Ende David Cameron (Jahrgang 1966!) als Sieger hervorging, war nicht etwa von der Frage dominiert, ob ein Thirtysomething ohne Regierungserfahrung der Richtige sei, um eines Tages als Her Majesty's Prime Minister die Geschicke des Vereinigten Königreichs bestimmen zu können, auch die Tatsache, dass sich Cameron standhaft weigerte, Gerüchte zu dementieren, er habe in seiner Studienzeit Kokain genommen, war eigentlich

Die Qualen der Reichen und Mächtigen

nur für die Moralapostel von der *Daily Mail* ein Thema – es ging einzig und allein um Camerons sozialen Hintergrund.

Erstmals seit 1965 leistet sich die Konservative Partei nämlich wieder einen Führer, der alle Klischees bedient, mit denen die Tory-Partei spätestens in der Ära Thatcher gebrochen hat. Cameron ging in Eton zur Schule, in Oxford auf die Universität, ist angeblich sogar weitläufig mit der Queen verwandt, lebt im Stadtteil Notting Hill und spricht ein Upper-Class-Englisch, das zum Beispiel bei der BBC in Zeiten von *Cool Britannia* verpönt ist. Bis zur Ära Thatcher war innerhalb der Konservativen Partei die Zugehörigkeit zur Oberklasse eigentlich Grundvoraussetzung für eine Karriere; seit Thatchers Regentschaft, die eine veritable Adelsverächterin war, galt ein Dasein als «Toff» als sicherer Karrieretod. Thatcher selbst ist in einer Zweizimmerwohnung über einem Laden groß geworden. Thatchers Nachfolger, John Major, war der Sohn eines Gelegenheitsarbeiters (der unter anderem als Busfahrer und als Zirkusakrobat seine Familie durchbrachte).

Der letzte «Toff» an der Spitze der Konservativen Partei war Sir Alec Douglas-Home, der als 14. Earl of Home einer der herausragendsten Vertreter der britischen Hocharistokratie war. Sein Gegenspieler in der Arbeiterpartei war Harold Wilson. Nach der Profumo-Affäre kam es zu einem legendären Schlagabtausch im Parlament zwischen den beiden, an dessen Höhepunkt Wilson Douglas-Home vorwarf, als Aristokrat «kein Mann des Volkes» zu sein und in Frage stellte, ob ein «14. Earl of Home» überhaupt ein modernes Land führen könne. Douglas-Home antwortete gelassen: «Wenn man es recht bedenkt, ist Herr Wilson womöglich der 14. Herr Wilson. Spricht das gegen ihn?»

Was tun gegen die Schwemme an Preisverleihungen?

Woran liegt es eigentlich, dass wir von einer Schwemme von Preisverleihungen heimgesucht werden? Kaum ein Wochenende vergeht, an dem nicht irgendwelche Ehrungen verliehen werden. Neben den diversen Film- und Fernsehpreisen gibt es inzwischen eine Vielzahl von Belobigungen, bei denen völlig unklar ist, wie man sich für sie qualifiziert. Ein Wiener Millionär gefällt sich darin, einmal jährlich den World Award zu verleihen, in Baden-Baden veranstaltet der gut vernetzte Karlheinz Kögel den Medienpreis, dann gibt es inzwischen auch einen Preis, der sich Point Alpha Award nennt. Und dann ist da noch die Quadriga, die einmal im Jahr in Berlin verliehen wird. Ihnen gemeinsam ist immerhin, dass in allererster Linie Preisträger geehrt werden, die gegen hohes Honorar für einen Abend überredet werden müssen, die jeweiligen Ehrungen entgegenzunehmen. Clinton, Bush senior, Gorbatschow befinden sich daher auffallend oft unter den Preisträgern.

Normalerweise sollte man bei Preisverleihungen ja annehmen dürfen, dass sich die Geehrten auch geehrt fühlen. Was man nicht vermuten sollte, ist, dass die Veranstalter sich händeringend um die Geehrten bemühen müssen. Oder, dass die Veranstalter nicht so sehr die Preisträger ehren, als sich vielmehr durch diese zu schmücken versuchen, um ihrem Preis das gewünschte Prestige zu verleihen.

Die Qualen der Reichen und Mächtigen

Die Initiatoren des Quadriga-Preises, eine Institution namens Werkstatt Deutschland, die hauptsächlich vom Energiekonzern Vattenfall finanziert wird, bemühte sich zum Beispiel für die diesjährige Preisverleihung im Oktober, den britischen Thronfolger Prinz Charles als Preisträger zu gewinnen. Dieser lehnte ab, obwohl ihm eine stattliche Summe geboten wurde. Einen fast adäquaten Ersatz fand man im Oberhaupt der Ismailiten, Karim Aga Khan IV. Um einen standesgemäßen Laudator für den Aga Khan zu finden, unternahmen die Organisatoren die mühselige Reise nach Kabul, um dort Präsident Hamid Karzai aufzusuchen und ihn zu bitten, diese Rolle zu übernehmen.

Über das usbekische Termez näherte man sich der afghanischen Hauptstadt auf Flugstunden-Nähe. Auf dem Militärflughafen trank man ein paar Bier in der Wirtschaft der Bundeswehr und verbrachte eine Nacht bei knapp 50 Grad und ohne Handyempfang. Am nächsten Morgen bestieg der Quadriga-Tross eine Transall, die nach knapp 60 Minuten Flug zum Landeanflug auf Kabul ansetzte. Der Lademeister verkündete, man mache nun die Raketenabwehr scharf. Im Übrigen sollten sich die Passagiere nicht wundern, die Maschine würde nicht abstürzen, sondern nur in einer Art landen, die der Talkessel-Lage Kabuls gerecht würde und den «Bärtigen in den Bergen» möglichst wenig Möglichkeit zum Einsatz ihrer «guten, alten Stinger-Raketen» bieten würde. Daraufhin tauchte die Maschine mit verstummenden Motoren in den roten Hindukusch hinunter. Die Quadriga-Gesellschaft presste sich tapfer gegen die Bordwand, und wenn Hamid Karzai in diesem Moment die fahlen Gesichter gesehen hätte – er hätte sicher mehr gewährt als eine neunminütige Audienz. Aber wenigtens sagte er als Laudator zu.

Die Verleihung der Quadriga in Berlins Komischer Oper war dann, dank der großen Mühe um prestigeträchtige Preisträger und Laudatoren, ein Erfolg. Neben dem Aga Khan stand an dem Abend auch Helmut Kohl auf der Bühne, der ebenfalls eine Quadriga entgegennahm – und zwar aus der Hand des Laudators Michail Gorbatschow.

Wenige Stunden vor der Preisverleihung hatten die Veranstalter noch zu einem Mittagessen im kleinen Kreis geladen – und zwar in den Neuen Kammern des Schlosses Sanssouci in Potsdam. Dass es den Organisatoren bislang noch ein wenig an der Routine für solche Unterfangen mangelt, machte das Ganze recht sympathisch. So hatte zum Beispiel niemand daran gedacht, für die rund fünfzig Gäste eine Garderobe vorzusehen und jemanden abzustellen, um die Mäntel der Ehrengäste in Empfang zu nehmen. Auch fühlte sich niemand für protokollarische Belange zuständig, sodass es für die zwei langen Tafeln, die im Speisesaal der Neuen Kammern hergerichtet wurden, an einer Sitzordnung fehlte. Dies hatte für den Verfasser dieser Zeilen den konkreten Vorteil, nicht irgendwo am letzten Zipfel des Tisches platziert zu werden, sondern sich einen freien Platz erobern zu können. Und der befand sich, wo auch sonst angesichts dieses protokollarischen Vakuums, schräg gegenüber von Helmut Kohl und vis-à-vis von Michail Gorbatschow.

Die Begrüßungsworte von Klaus Riebschläger belegten, was vorher schon offenbar war: dass ihm niemand zur Seite gestellt war, der in Protokollfragen versiert war. Wann immer er Helmut Kohl ansprach, sagte er «Altkanzler», offenbar nicht ahnend,

Die Qualen der Reichen und Mächtigen

dass dies ein Fauxpas ist. Helmut Kohl steht als Bundeskanzler a. D. die Anrede «Herr Bundeskanzler» zu. An Michail Gorbatschow gingen diese Feinheiten zwar vorbei, er mokierte sich allerdings darüber, dass Herrn Riebschlägers Worten der für Russen offenbar unverzichtbare Trinkspruch fehlte.

Gorbatschow übrigens darf als Musterbeispiel eines virtuos parlierenden Tischnachbarn gelten. Grundregel einer gelungenen *petite conversation du table* lautet schließlich, ernsthafte Diskussionen zu meiden und stattdessen die Umsitzenden mit Anekdoten zu unterhalten. Das gelang ihm. An seinen letzten Besuch in Potsdam, erzählte er zum Beispiel, erinnere er sich gerne. Damals habe er noch über das Sowjetreich regiert, und sein Gastgeber sei Erich Honecker gewesen. «Weißt du, Erich, was die Buchstaben DDR auf Russisch bedeuten?», habe er den etwas verdutzten Honecker gefragt. «Dawai, Dawai Rabotaj!», das heißt: «Los, los, an die Arbeit!»

Als jemand Gorbatschow wissen ließ, dass er nach dem Mittagessen vor den Neuen Kammern einen Kirschbaum pflanzen sollte, amüsierte er sich über diese Sitte und erzählte, dass er neulich schon einmal einen Baum pflanzen sollte, in Japan. Kurios sei allerdings gewesen, dass der Baum, den er angeblich hätte pflanzen sollen, bereits in der Erde gewesen sei. Seine einzige Aufgabe habe in der symbolischen Geste bestanden, sich vor den Baum zu stellen und für die Fotografen eine Schaufel in die Hand zu nehmen. Seine Gastgeber quittierten dieses Aperçu mit gequältem Lächeln. Als es nämlich zum Baumpflanzen ging, war auch dieser Baum längst gepflanzt. Seine einzige Aufgabe bestand darin, richtig: sich vor den Baum stellen und für die Fotografen symbolisch eine Schaufel in die Hand zu nehmen.

Hat die High Society eine größere Begabung für Exzesse?

Bei einem Mittagessen in Gloucestershire saß ich neulich neben einem Herren, der auf den ersten Blick völlig seriös wirkte, von dem man mir gesagt hatte, er sei bis vor ein paar Jahren ein angesehenes Mitglied des House of Lords gewesen. Irgendwann landete unsere Unterhaltung beim Thema Ehe. Er sei nicht verheiratet, sagte er, aus Überzeugung – aber: Er habe ein Lieblingsschaf. Dann zückte er eine Brieftasche aus seinem Jackett und zeigte mir ein Bild des Tieres. Nach dem Essen nahm mich die Gastgeberin zur Seite und erklärte mir, die Vorlieben des Lords seien allgemein bekannt, keiner mache darum ein großes Trara.

Ich verließ das Landhaus an diesem Nachmittag in dem sicheren Gefühl, dass Tony Blair doch recht gehabt hatte mit der Reform des Oberhauses. Und ich begann mich zu fragen: Gibt es in unserer Zeit, in der sämtliche Werte «relativ» sind, überhaupt noch Dinge, mit denen man sich in der Gesellschaft unmöglich machen kann?

Es gibt sie. Aber man muss sich schon ziemlich ins Zeug legen, um den Status eines schwarzen Schafs zu erreichen.

Eva Rausing hat es geschafft. Die elegante, blonde Amerikanerin, 44 Jahre alt, Mutter von vier Kindern, Ehefrau eines der reichsten Männer Europas (ihr Mann ist der einzige Sohn des Tetra-Pak-Erfinders Hans Rausing), ist in London derzeit *talk of the town.* Kürzlich spazierte sie in die amerikanische Botschaft am Grosvenor Square, sie wollte sich die Gültigkeit ihres Reisepasses verlängern lassen, und wurde kurz darauf (ohne dass ihr Pass verlängert worden wäre) wieder aus dem Gebäude eskortiert. Aber nicht wie üblich vom Botschafter persönlich, dessen regelmäßiger Gast bei Galadiners und Empfängen sie ist, sondern von zwei Polizeibeamten, die sie in die nächstgelegene Wache brachten. Ein Sicherheitsbeamter der Botschaft hatte bei der routinemäßigen Inspektion ihrer Handtasche zwei Briefchen mit Heroin und Crack entdeckt. Bei der anschließenden Razzia in ihrem strahlend weißen Stadtpalais unweit des Sloane Square wurden Mengen von Rauschgift zutage gefördert, mit denen sich eine Straßenbande mühelos wochenlang über Wasser halten könnte.

In den Londoner Salons tut man nun so, als sei man schockiert. Dabei wusste jeder von Eva Rausings Problemen. Und von denen ihres Ehemanns Hans Rausing junior, ebenfalls 44 Jahre alt, genauso. Aber weil es so gut wie keine nennenswerte Wohltätigkeits- und Kultureinrichtung in der Stadt gibt, die nicht von den Rausings unterstützt wird, sah man diskret weg. Hinter vorgehaltener Hand flüsterte man sich freilich allerlei Unvorteilhaftes über sie zu: Eva sei ein *social climber*, eine gesellschaftliche Kletterpflanze, und ihr Mann, na ja, ein armer Kerl, verbringe den ganzen Tag vor dem Fernseher, keine Leuchte, sei von klein auf im Schatten seines übermächtigen Vaters gestanden ...

Hans Rausing senior, der Patriarch, hat für seinen einzigen Sohn angeblich nur Verachtung übrig. Die Tatsache, dass dem Junior und seiner Schwiegertochter nun eine Anklage wegen

Rauschgiftbesitzes bevorsteht, ist für ihn nur der Gipfel jahrelanger Enttäuschung durch jenen Sohn, von dem er einst hoffte, er würde in seine Fußstapfen treten.

Hans junior hat diesem Druck nie standhalten können. Nach der Schulzeit weigerte er sich zu studieren und tauchte jahrelang in Indien unter. Er versuchte der Last, der einzige Sohn des großen Hans Rausing zu sein, zu entfliehen und sich selbst zu finden. Was er fand, war eine Vorliebe für bewusstseinserweiternde Drogen. Und, bei einem seiner Aufenthalte in einer Entzugsklinik, seine Frau Eva.

Es ist also offenbar ein Klischee, dass es meist die nachgeborenen Geschwister eines Erben sind, denen die Rolle des schwarzen Schafs auf den Leib geschrieben ist. Wenn man eine Formel finden will, die das Schwarze-Schaf-Phänomen erklärt, wo müsste man ansetzen? Warum geschieht es gerade in den edelsten Dynastien immer wieder, dass Einzelne derart aus der Reihe tanzen, dass sie von den Familien verstoßen werden? Und warum gibt es gerade in adeligen Kreisen so auffällig oft schwarze Schafe?

Die Antwort auf die letzte Frage ist simpel: Je größer die Glorie eines Clans, je tadelloser die Familienehre, je feiner das Familienwappen, desto mehr sticht ein Fleck darauf ins Auge. Das archetypische Beispiel des schwarzen Schafs wird daher wohl immer Henry Cyril Paget bleiben, der 5. Marquis von Anglesey, die wohl exzentrischste Figur der vorletzten Jahrhundertwende.

Er erbte von seinem Vater ein Vermögen, mit dessen heutigem Äquivalent man halb England kaufen könnte, und brachte es dennoch fertig, verachtet, vereinsamt und verschuldet zu

Die Qualen der Reichen und Mächtigen

sterben, weil er so vernarrt in Frauenkleider und Juwelen war, dass er jedes Schmuckstück, dessen er habhaft werden konnte, kaufte und sich aus den teuersten Stoffen und Juwelen tuntige Phantasiekostüme schneidern ließ. Die Hauskapelle seines Stammsitzes ließ er sich in ein Theater umbauen, auf dessen Bühne er für die Dorfbevölkerung tanzte. Seine Limousinen ließ er sich so ausstatten, dass aus dem Auspuff mit Patschuli parfümierte Abgase strömten. Zum schwarzen Schaf par excellence machte ihn aber erst dieser Kontrast: Sein Urgroßvater war der große Held der Schlacht von Waterloo, seine Familie galt als Paradebeispiel für disziplinierten britischen Militäradel. Noch heute tut man im Clan der Pagets übrigens so, als habe es Henry nie gegeben, Porträts von ihm findet man nicht auf Anglesey, dem Stammsitz in Wales. Auch dieses Element, die Scham, dieses Der-Familie-über-Generationen-hinweg-peinlich-Sein, gehört zu einem quintessenziellen schwarzen Schaf einfach dazu.

Die Frage nach der Urformel des Phänomens ist schwerer zu beantworten. Ist es die Primogenitur? Die Regel, dass Landbesitz und Vermögen in alten Dynastien immer nur der älteste Sohn erbt, hat jedenfalls absehbare Folgen: für den Erstgeborenen, dass die Unausweichlichkeit des Erbes ihm jeden Ehrgeiz raubt und jede Veranlassung nimmt, ein sinnvolles Leben zu führen; für die Jüngeren, dass sie sich als Kinder an ein Leben in Luxus gewöhnen, welches sie sich als Erwachsene aus eigener Kraft nie leisten können, und so zu einem Leben als Schuldenmacher und Schwerenöter prädestiniert sind.

Hier ein paar Schulbuchbeispiele für nachgeborene schwarze Schafe: Prinz Jefri (53), der jüngere Bruder des Sultans von Brunei. Während sein Bruder, der Sultan, als letzter absolutistischer Herrscher der Welt über sämtliche Bodenschätze seines Reiches quasi persönlich verfügt, stand seinem Bruder «nur» eine Apanage von 20 000 Dollar monatlich zu. Als der Sultan seinen Bruder eines Tages zum Chef der Brunei Investment Agency (BIA) ernannte, konnte Prinz Jefri der Versuchung nicht widerstehen, die eine oder andere Milliarde für sich abzuzweigen. Erst als Jefri es mit seinem exzessiven Lebensstil etwas zu weit trieb, sah sich der Sultan gezwungen, genauer hinzusehen, und stellte fest, dass sein kleiner Bruder rund 11 Milliarden Euro veruntreut hatte. Zu Jefris Spielzeugen gehörten 1700 Autos (hauptsächlich der Marken Rolls-Royce und Aston Martin), fünf Privatjachten (eine davon hieß Tits, deren Beiboote hatten die malerischen Namen Nipple 1 und Nipple 2), neun Privatjets und mehrere Helikopter (darunter einen Comanche-Kampfhubschrauber im Wert von rund 33 Millionen Euro).

Inzwischen wurde Prinz Jefri aus der Familie verstoßen, aus den Annalen der Königsfamilie Bruneis wurde er getilgt; offiziell gibt es ihn sozusagen nicht mehr. Wenn es stimmt, was man so hört, steht er sogar kurz davor, in der Gosse zu landen. Sein Bruder hat ein Gerichtsurteil erwirkt, das ihn zur Rückgabe sämtlicher Vermögenswerte zwingt. Einer seiner Anwälte klagte kürzlich im *Wall Street Journal*: «Der Prinz hat sein ganzes Leben unvorstellbaren Reichtum genossen. Was soll denn aus ihm werden? Soll er etwa in irgendwelchen Kneipen Geschirr abräumen?» Wenn sich der Sultan nicht zu einem Gnadenakt durchringt, wird es so kommen.

Fast so spektakulär der Fall Lapo Elkann. Der inzwischen 30

Jahre alte Enkel Gianni Agnellis galt nach dem Tod des «Avvocatos» neben seinem älteren Bruder John als Hoffnungsträger im Fiat-Konzern. Gianni Agnellis einziger Sohn, Edoardo, ein weiteres archetypisches schwarzes Schaf, wurde noch zu Lebzeiten des Patriarchen enterbt, er war heroinsüchtig, konvertierte zum Islam und stürzte sich im November 2000 von einer Autobahnbrücke. Auf John und Lapo, den Söhnen seiner Tochter Margherita, ruhten die Hoffnungen des Patrons. Während John brav die Erwartungen seines Großvaters erfüllte, zerbrach sein Lieblingsenkel daran. Seit Jahren ringt er mit Drogenproblemen.

Absoluter Tiefpunkt war jener Kollaps im Oktober 2005. Besonders erniedrigend dabei war, wie die Öffentlichkeit Stückchen für Stückchen mit neuen, unangenehmen Details gefüttert wurde. Erst hieß es, Lapo befände sich wegen einer Überdosis Heroin und Kokain in einem Turiner Spital. Dann sickerte durch, er sei nicht in der Wohnung seiner Freundin, sondern in der einer «unbekannten südamerikanischen Frau» kollabiert. Als Nächstes hieß es, es habe sich «um eine Prostituierte» gehandelt. Und schließlich: Es sei streng genommen keine Frau gewesen, sondern ein Transvestit namens Patrizia. Die Details über Lapos sexuelle Vorlieben – dass er angeblich gern Frauenkleider trägt, sich demütigen lässt – sind inzwischen so etwas wie nationales Kulturgut in Italien. Im Agnelli-Clan ist Lapo, obwohl er inzwischen konsequent seine Finger von den Drogen lässt, seither eine Persona non grata.

Über Fälle wie die des Prinzen Jefris oder Lapo Elkann lässt sich mit einer gewissen Leichtigkeit sprechen. Das fällt schwerer, wenn die Betroffenen für die Last ihres Namens und die scheinbare Sinnlosigkeit ihres Seins mit dem Leben bezahlen mussten. Nur ungern erinnere ich mich an Konstantin Niarchos, den jüngsten der Söhne des Reeders Stavros Niarchos, eine unsympathische, ja widerliche Gestalt. Erst als er an einer massiven Kokainüberdosis starb, das ist fast zehn Jahre her, erfuhr ich, warum er so war, wie er war: Angeblich hat ihn sein Vater von klein auf verachtet. Als er aus dem Elite-Internat Gordonstoun geschmissen wurde, weil Drogen in seiner Stube gefunden worden waren, ließ ihn sein Vater im Privatjet nach Griechenland einfliegen, um ihn auszupeitschen, weil er «Schande über seine Familie gebracht» habe. Jahrelang tat sein Vater, wenn man ihn auf seinen Sohn Konstantin ansprach, so, als ob er den Namen nie gehört hätte.

Ein ebenso trauriger Fall ist der vergangenes Jahr gestorbene Gottfried von Bismarck. Benannt nach jenem Großonkel, der sich um die Familienehre verdient gemacht hatte, weil er am Widerstand gegen Hitler beteiligt war, wurde er der Sohn, für den sich sein Vater, der Fürst, schämte, dessen Homosexualität er nicht wahrhaben wollte. Gottfried wurde der flamboyante Außenseiter der Familie. Als sich seine Familie am 12. Juli vergangenen Jahres an seinem Grab versammelte, wusste jeder, der dort stand, dass Gottfried HIV-positiv gewesen und an einer Kokainüberdosis gestorben war. Aber diese Wahrheit ist ein Tabu, und niemand in der Familie, zumindest in der Gegenwart des Fürsten, wagt, sie auszusprechen.

Jenen Fällen von gescheiterten Nachgeborenen stehen mindestens ebenso viele Beispiele von Erstgeborenen gegenüber, die an den an sie gestellten Erwartungen zerbrochen sind. Das Musterbeispiel ist der arme Jamie Blandford. Er wurde von

Die Qualen der Reichen und Mächtigen

seinem Vater, dem Herzog von Marlborough, schon vor Jahren enterbt, weil dieser jede Hoffnung fahrengelassen hatte, dass sein ältester Sohn ein verantwortungsvolles Leben zu führen imstande ist. Zu seinen Glanzzeiten gab Jamie in einem Vierteljahr rund 25 000 Euro für Kokain aus.

Ganz England lachte in den neunziger Jahren über Jamies treuen Butler, der, als die Polizei wieder einmal mit einem Haftbefehl an der Tür von Jamies Londoner Apartment klingelte, den Beamten trocken entgegnete: «Ich denke gar nicht daran, seine Lordschaft zu wecken. Seine Lordschaft ist gerade erst zu Bett gegangen.» Es war 10 Uhr vormittags. Inzwischen ist Jamie sehr viel ruhiger geworden. Zurzeit sitzt er allerdings wieder im Gefängnis. Diesmal nicht wegen Drogen, sondern wegen wiederholten Fahrens ohne Fahrerlaubnis.

Ist es der Druck, unter Bildern von Ahnen aufzuwachsen, die Kriege gewonnen und ganze Reiche geschmiedet haben, deren Blick einem von frühester Kindheit an suggeriert, ein Versager zu sein? Welche Chance hatte zum Beispiel ein Ernst August von Hannover, dessen imposante Ahnenreihe weit ins Mittelalter zurückreicht, noch etwas Nennenswertes hinzuzufügen? Obwohl, im Falle Ernst Augusts muss man eindeutig feststellen: Er passt nicht so recht in die Reihe der schwarzen Schafe. Zwar kommt es vor, dass man in den Salons des Adels über ihn lästert, aber wenn er zu Familienfesten kommt, wird ihm, nicht nur kraft seines Amtes als Chef des Welfenhauses, mit Respekt begegnet. Vielleicht, weil er sich Dinge zu sagen traut, die manche seiner Standesgenossen nicht zu flüstern wagen?

Wenn er, wie neulich einmal, von einem RTL-Kamerateam

um einen Kommentar gebeten wird und die Reporterin mit einer verächtlichen Bemerkung auflaufen lässt («Lasst mich in Ruhe! Proletensender!»), ist dies nur angemessen (der Mann wäre ohne eine kleine Erbfolgekomplikation im 19. Jahrhundert heute König von England) und spricht der deutschen Aristokratie voll aus dem Herzen. Er gilt allenfalls dem Bürgertum als schwarzes Schaf, innerhalb des Adels nicht. Eher gehörte sein jüngerer Bruder Ludwig in diese Kategorie, der ein überaus liebenswerter Mensch war, aber unter Umständen starb, die zu traurig sind, um hier ausgebreitet zu werden.

Lieber möchte ich meine Betrachtung über dieses heikle Thema mit Exempeln ausklingen lassen, die zeigen, dass aus schwarzen Schafen weiße werden können.

Helmut von Finck zum Beispiel. Als Betreiber einer Diskothek und einstiger Bhagwan-Jünger mit Namen Swami Anand Nityo («Der, dem die Freude angeboren ist») hatte er im konservativen Privatbankiers-Clan lange Zeit ungefähr den Stellenwert eines Bordelleigners. Das hat sich gehörig geändert. Er begann, seine Apanage in Galopprennpferde zu investieren, kaufte sich das Gestüt Wiedingen in der Lüneburger Heide. Erst wurde er dafür belächelt, inzwischen ist sein Gestüt höchst erfolgreich, und der Name des Pferdezüchters Helmut von Finck wird innerhalb der Familie mit Respekt genannt.

Noch frappierender: Der Fall Nathaniel («Nat») Rothschild. Bei meiner ersten Begegnung mit dem einzigen Sohn Lord Rothschilds konnte ich kaum fassen, was für eine jämmerliche Gestalt er abgab. Etwa 18 Jahre alt, ein verdruckster, zugekiffter, pickliger Sonderling, der kein Wort herausbrachte, aber von seinen Eltern verhätschelt wurde. Es war absehbar,

dass aus ihm bestenfalls eines jener T F K s («Trust Fund Kids»)
werden würde, der in seinem Leben nie etwas zuwege bringen
würde. Als er ein paar Jahre später durch Heroineskapaden aus
der Rolle fiel, im Familiensitz Sexpartys veranstaltete und dann
zum Entsetzen seines übermächtigen Vaters mit irgendeiner
Schnepfe durchbrannte, die er dann auch noch in Las Vegas
heiratete, schien Nats weiterer Weg absehbar.

Und heute? Heute ist Nat, 36 Jahre alt, der strahlende
Superheld der New Yorker Hedgefondsmanager. Er ist einer
der wenigen, die die Finanzmarktkrise nicht nur unbeschadet,
sondern gestärkt überstanden haben. Ein neuer Warren Buffet.
Angeblich macht Roman Abramowitsch keinen größeren Deal,
ohne vorher Nats Rat einzuholen. In der *New York Times* stand
neulich, er sei so erfolgreich, dass er bald der reichste Mann sein
werde, den die Rothschild-Dynastie je hervorgebracht habe.

Seit Jahren rührt Nat weder Drogen noch Alkohol an. Wenn
er in seinem New Yorker Penthouse zu Dinnerpartys einlädt,
lässt er seinen Gästen zwar 66er Mouton-Rothschilds servieren,
trinkt selbst aber nur Cola. Ein Adonis ist er auch heute nicht,
aber er hat Charisma – genug jedenfalls, um Natalie Portman
für sich zu interessieren.

Sind Menschen, die einmal ganz unten waren, die in ihre
eigenen Abgründe geblickt und das überlebt haben, uns braven
Normalos überlegen? Scheint so.

Ermutigend für alle schwarzen Schafe auch das Beispiel
von Carl Alexander von Hohenzollern. Erinnern Sie sich noch?
Der arme Prinz wurde in den Neunzigern als «geiler Depp»
durch die Presse gereicht. Die Familie sah gepeinigt weg, wenn
sie nur seinen Namen hörte. Irgendwann heiratete er eine 30

Jahre ältere Titeljägerin, er soll sich sogar eine Weile als Hausmeister bei «Prinz» Frederic von Anhalt und Zsa Zsa Gabor verdingt haben. Seit ein paar Jahren ist er von der Bildfläche verschwunden. Um seinen Gläubigern zu entfliehen, setzte er sich nach Asien ab. Dort hält er sich irgendwo in der Mongolei bei einem Nomadenstamm auf, die ihn angeblich wegen seiner hellen Hautfarbe als eine Art Gottheit verehren. Wenn das kein Happy End ist!

Warum sind Reiche sparsam?

Die Reichen sind auch nicht mehr die, die sie mal waren. In einer Bogenhausener Villa entdeckte ich neulich auf dem Gästeklo Papierhandtücher, die eindeutig von Käfer gestohlen waren. Die handliche Seife am Waschbeckenrand stammte, bei näherem Hinsehen, aus dem Bayerischen Hof. In Berlin sieht man bei sogenannten Partys sogenannte Promis mit drei oder vier der Geschenketüten nach Hause gehen, die einem hier als Entschädigung für potemkinsche Events beim Hinausgehen in die Hand gedrückt werden. Mir ist eine vermögende Dame bekannt, sie trägt den wohlklingenden Namen eines Küchengeräts, die sich teures Briefpapier drucken und Möbel liefern lässt, aber grundsätzlich erst nach der dritten Mahnung ans Zahlen denkt.

Ein Feinkostladen in Berlins Bleibtreustraße macht sich kaum noch Hoffnung, bis zum Abschluss des Rechnungsjahres noch all die Summen eintreiben zu können, die die prominenten Kunden über das Jahr hinweg haben anschreiben lassen. Ich kenne ein Multi-Millionär-Ehepaar, die sind so sparsam, die merken gar nicht, dass sie reich sind. Ihnen gehört eine Hotelkette, aber statt sich ein eigenes Haus zu leisten, wohnen sie in einem ihrer hässlichen Hotels. Wenn sie ausgehen, leisten sie sich nicht einen Babysitter. Sie sperren ihre vor dem Fernseher sitzenden Kleinkinder in ihr Hotelzimmer ein und geben ein Abhörgerät bei der Rezeption ab. Seltsame Zeiten: Wir Armen schmeißen das Geld aus dem Fenster, die Reichen hingegen sparen.

Warum jammern Millionäre ständig?

Reiche Leute haben immer Gründe, sich zu beschweren. Das Hemd aus Seide ist ruiniert, weil da ein Fleck ist, das Restaurant wird verklagt, weil die Austern verdächtig rochen, der Chauffeur hat wieder Knoblauch gegessen. Es ist unmöglich, zufrieden durch den Tag zu gehen, wenn man sein Wohlergehen von anderen abhängig machen muss. Daher verdirbt Geld den Charakter. Wenn reiche Menschen dennoch nicht vereinsamt sterben, liegt das am Platnik-Phänomen, wie in dem Witz: Zwei New Yorker Ladies sehen sich nach ewiger Zeit wieder. Eine trägt einen Diamanten am Finger. «Ach, wie schön der ist», sagt die andere. Entgegnung: «Ja, schade nur, dass der Platnik-Fluch darauf lastet.» Die Freundin erkundigt sich, was der Platnik-Fluch sei. Darauf die andere: «Herr Platnik.»

Ich kenne eine feine alte Dame, die glaubte, das große Los gezogen zu haben. Ein überaus reicher und überaus betagter Franzose hatte sie gefragt: «Willst du kurz eine unglückliche Ehefrau, dafür lange eine reiche Witwe sein?» Sie heirateten, der Mann starb wenig später. Glücklich ist sie nicht. Sie lebt oberhalb Monte Carlos, verdächtigt jeden, sie bestehlen zu wollen, und wenn sie keine Angestellten hätte, wäre niemand da, den sie beschimpfen könnte.

Kratzen am Zuckerguss

Begegnungen in der Welt
des schönen Seins

Jimmy Goldsmith, Milliardär

Château Lafite-Rothschild 1978. Wenn das Essen hält, was der Wein verspricht, dann wird es ein köstlicher Abend. Der Familie des Gastgebers gehört der Weinberg. Wir befinden uns im Haus von Lord Rothschild in London. Unter den neun Gästen ist Sir James («Jimmy») Goldsmith, wahrscheinlich der siebtreichste Mann der Welt. Lord Rothschild ist ein großer Kunstmäzen. Sein von außen bescheidenes Haus sieht innen aus wie die National Gallery, das beste Museum Londons, was kein Zufall ist, denn Lord Rothschild hat einen Teil der National Gallery ausgestattet.

Das Esszimmer ist dunkel, an den Wänden nur mit winzigen Strahlern erleuchtet, ein paar Stilleben, wahrscheinlich flämische Spätrenaissance. Die Vorspeise ist weniger eine Vor-Speise als eine Provokation des Gaumens: bisschen Gänseleber, mit Aspik und ein paar Kräutern umrahmt. Sir James verschlingt das kleine Stück, bevor ich es angeschaut habe. Dann macht er sich's bequem, rückt den Stuhl etwas zurück, schlägt die Beine übereinander. Plötzlich prescht eine Dame links von mir hervor: «Ich erhebe das Glas darauf, dass John Major im Mai wiedergewählt wird.» James Goldsmith muss schlucken. John Major ist, neben Helmut Kohl, zurzeit sein Lieblingsfeind. Mit einer Kriegskasse von etlichen Millionen hat er eine Partei gegründet, die «Referendum Partei», mit dem alleinigen Ziel, in England eine Volksbefragung zu den Folgen des Maastricht-

Vertrags zu erzwingen. Sir James behauptet, dass zwischen 1998 und 2001 alle Länder der EU ihre Souveränität unwiederbringbar an einen europäischen Superstaat abtreten müssen.

Seine «Referendum Partei» wird bei den Wahlen im Mai womöglich Englands Premier John Major den Kragen kosten. Dass er damit vielleicht Labour zur Macht verhilft, stört Goldsmith nicht, obwohl deren junger Spitzenkandidat Tony («Bambi») Blair ein ausgesprochener Euro-Enthusiast ist. «John Major würde ich nicht einmal als Butler anstellen», schnaubt Goldsmith in Richtung der Dame, die soeben ihr Glas auf Major erhoben hatte. «Aber wenn Bambi Blair Englands Premier wird», wirft ein Bankier ein, «und auf einer Konferenz der Big Boys auftaucht, werden ihn Kohl und die andern doch für den Mann vom Partyservice halten. Der wird doch von Kohl mit links ins europäische Lager geschubst ...»» «Pah, John Major könnte ja nicht mal einen Partyservice leiten», brummt Sir James.

Endlich kommt die Hauptspeise.

Wer ist eigentlich dieser Goldsmith? Wenn Bangladesch ein Bruttosozialprodukt von 25 Milliarden Mark hat, besitzt Sir James an guten Tagen wahrscheinlich mehr, als dieses Land allein umsetzt. Sein Vermögen hat er selber gemacht. «Erben ist Fluch», ist einer seiner Standardsätze. Geboren 1933 in Paris, aufgewachsen in Hotelsuiten. Seinem Vater Frank gehörten unter anderem das berühmte Claridge's und das Ritz in London sowie das King David in Jerusalem. Klein Jimmy, 6, soll sich einmal geweigert haben, lesen zu lernen. «Wenn ich mal groß bin», soll er getrotzt haben, «werde ich Millionär, dann liest mir jemand vor.» Mit 17 gewinnt er so viel beim Pferderen-

Kratzen am Zuckerguss

nen, dass er seine Schule, das Elite-Internat Eton, verlässt und nach Paris geht. Mit 20 brennt er mit der drei Jahre jüngeren Isabel Patino durch, der Tochter des damals reichsten Mannes der Welt. Wochenlang Schlagzeilen. Jimmy und die blutjunge Isabel heiraten heimlich in Schottland. Wenige Monate darauf stirbt Isabel bei einem tragischen Unfall. Jimmy vergräbt sich in Arbeit. Mit seinem Freund Selim Zilkha gründet er die weltweit erfolgreiche Geschäftskette Mothercare, steigt aber wieder aus. Die Legende besingt, wie er und Selim Zilkha die Bedingungen seines Ausstiegs dem Ausgang eines Backgammonspiels überließen.

Im Winter 1975 nimmt sein Image durch das Verschwinden des Lords Lucan Schaden. Lord Lucan, ein Freund Goldsmith', litt unter dem Verfolgungswahn seiner neurotischen Frau. Eines Tags entschließt er sich, und so etwas ist in der englischen Upper Class so ungewöhnlich nicht, seine Frau zu ermorden. Eines Nachts lauert er ihr auf, erschießt im Dunkeln eine Frau und stellt fest, dass er die Kinderschwester seiner Kinder erschossen hat. Seit dieser Nacht ist Lord Lucan wie vom Erdboden verschwunden. Alle paar Jahre wieder tauchen Augenzeugen auf, die, ähnlich wie beim Loch-Ness-Monster, behaupten, Lord Lucan in irgendeinem Dschungel gesehen zu haben. Man flüsterte sich damals verschiedene Versionen zu. Eine besagt. Goldsmith hätte Lucan auf einem seiner Besitztümer irgendwo auf der Welt versteckt. Andere behaupten, Lucan sei zu einem gemeinsamen Freund, John Aspinall, dem berühmten Naturschützer und Tigerzüchter, geflüchtet und habe sich, wie es sich für einen Gentleman gehört, selbst gerichtet. Aspinall habe ihn dann womöglich, um alle Spuren zu verwischen, seinen Tigern vorgeworfen, die er auf seinem Landsitz Howlett hält.

1976 wird James Goldsmith zum Ritter geschlagen, darf sich jetzt «Sir» nennen. In den Achtzigern wird Sir James Goldsmith zum gefürchteten Star der Finanzszene. Gefürchtet, weil er als *corporate raider* gilt, als jemand, der Schwachstellen eines Unternehmens sieht, genau dort ansetzt, um sie auseinanderzuschlagen, und dann ausschlachtet. 1987 sagt er den Börsencrash voraus, die Kurse steigen weiter. Er verkauft seine Aktien. Im Oktober dann der Crash.

Das *Time*-Magazin erscheint mit dem Titel «The Lucky Gambler» (der Glücksspieler). Goldsmith zieht sich immer mehr zurück, baut sich in Mexiko sein privates Paradies. Der mexikanischen Regierung kauft er einen Teil des Landes ab (etwa in der Größe des Saarlands), unter der Bedingung, dort keinen Tourismus zuzulassen, «eine grobe Form von Umweltverschmutzung», so Sir James. Sein Xanadu umfasst einen Privatzoo, ein Krankenhaus, einen Flugplatz. Die Kuppel des Haupthauses sah er in Istanbul und ließ sie Stück für Stück mit seinen Privatmaschinen einfliegen. Dort schrieb er sein Buch *Die Falle* (Deukalien-Verlag), in dem er vor Verarmung durch die Folgen des GATT-Vertrages und Maastricht warnt, eine apokalyptische Abrechnung mit der ungezügelten Weltwirtschaft. Beachtlich für einen Super-Kapitalisten.

Seine Tochter Jemima hat sich vor zwei Jahren zum Islam bekehrt, um Imran Khan zu heiraten, den Kapitän der pakistanischen Cricket-Weltmeister-Mannschaft, eine Art Beckenbauer Pakistans. Erst war Sir James nicht so begeistert von dem Exsportler, doch inzwischen imponiert ihm Imran, der in Oxford studiert hat: In Pakistan kämpft er gegen die Ausbeutung durch multinationale Konzerne, ist ein aufgeklärter Fundamentalist. Ganz nach dem Geschmack von Sir James. In diesem Februar tritt er in Pakistan zu den Wahlen an, mit besten Chancen, die 30-jährige Herrschaft der Familie Bhutto zu brechen.

Goldsmith' Essen wird langsam kalt. Er streitet sich jetzt über Europa, kommt langsam in Fahrt. Die Dame neben mir hängt Goldsmith an den Lippen. Plötzlich entfährt ihr ein einziger Satz: «Mein Gott, ist der sexy!» Ich nehme mir eine große Portion der köstlichen Lammkeule, auch eine Menge Dauphinoise-Kartoffeln und Bohnen, die mir eine freundliche Bedienung auf einem Silbertablett anbietet. Wer weiß, ob sie wiederkommt. «Eine Handvoll ungewählte Bürokraten in Brüssel wollen über die Belange von 20 völlig unterschiedlichen Regionen bestimmen», schimpft Sir James. «Macht es nicht einfach verwaltungstechnisch Sinn», will jemand wissen, «wenn Europa sich vereinigt?» – «Natürlich ist Zentralisierung angenehmer für Bürokraten», prustet Goldsmith. «Was ist der Traum eines jeden Bürokraten? Mehr und mehr Macht, mit immer weniger politischer Kontrolle, in einem möglichst großen Apparat.»

Der 78er Bordeaux ist ein Gedicht mit dem Braten. Das Fleisch ist so sanft, dass es vom Knochen abfällt, man gar kein Messer braucht, um es zu schneiden. Goldsmith schimpft auf Kohl: «Alle europäischen Politiker sind Schwächlinge. Der Einzige, der hervorsteht, nicht nur in Körperumfang, ist Helmut Kohl. Kohl möchte wie Bismarck werden und Europa zu einem Superstaat verschweißen.» Hier halte ich beim Essen des Lammbratens inne: «Überschätzen Sie Kohl da nicht ein wenig?» – «Kohl ist ein starker Mann», entgegnet Goldsmith, «er ist ein Profi, hat Machtinstinkt, aber eines hat er nicht: Weisheit. Und das ist gefährlich. Wenn jemand nicht weise ist, soll er möglichst keine Wirkung haben, nicht etwa effizient sein. Er schadet Deutschland und Europa: In einem Europa der Nationen hätte Deutschland eine einmalig starke Position – ein europäischer Superstaat hingegen, der wirtschaftlich nicht funktionieren kann, wird Deutschland wieder unbeliebt machen. Maastricht wird zentrifugale Kräfte freisetzen.»

«Kann ich bitte noch ein wenig von dem Lafite haben?» Gleich kommt die Nachspeise. Plötzlich springt Goldsmith auf, verabschiedet sich hastig. «Haben wir etwas falsch gemacht?», fragt eine der Damen schüchtern. «Nein, nein», beruhigt sie jemand, der ihn kennt, «das macht er immer so.» Zum Dessert, einem karamelisierten Apfelkuchen, gibt es Château d'Yquem. Wenn Sir James wüsste, was er da verpasst hat.

Helmut Berger, Schauspieler

In Salzburg sieht man manchmal einen Mann im Trenchcoat durch die Gassen streifen, von dem man auf den ersten Blick nicht annehmen würde, dass er nach Mozart der berühmteste Sohn der Stadt ist.

Der Mantel ist zu groß und weist Gebrauchsspuren auf. Der Mann trägt eine große Sonnenbrille. Sein Blick ist auf den Trottoir gerichtet. Im Tabakladen verlangt er nach einer Stange «Marlboro Light» und einer Stange «Milde Sorte», die jetzt «Meine Sorte» heißen. «Die sind für meine Mutter», sagt der Mann. «Geben Sie mir noch sechs von diesen Feuerzeugen!» Er zeigt auf eine Reihe hässlicher, aber teurer Feuerzeuge hinter der Verkäuferin. Insgesamt legt er rund 200 Euro auf den Tresen. Als sich die Verkäuferin aber umdreht, um jene Edelfeuerzeuge rauszusuchen, schnappt sich der Mann ein billiges Plastikfeuerzeug, das neben der Kasse in einer Plastikschale liegt, und wirft es in seine Plastiktüte. Auf dem Weg hinaus lässt Helmut Berger noch eine Ansichtskarte mitgehen. «Grüße aus der Mozartstadt!»

Man sollte das nicht als Diebstahl bezeichnen. Es trägt eher Züge kindlicher Flamboyanz. Manchmal versucht er bei Meindl eine Tütensuppe oder ein Lachsfilet an der Kasse vorbeizuschmuggeln. Wenn er erwischt wird, lächelt er oder tut pikiert verwirrt, und immer wird er dann mit großem Respekt behandelt. Das Lachsfilet wird diskret aus seiner Manteltasche entfernt und er höflich verabschiedet. Der Salzburger ist nämlich ein Kulturmensch. Er fühlt sich geehrt, wenn Helmut Berger mit einem stibitzten Irgendwas aus seinem Laden huscht.

Irgendwann werden die Salzburger eine Plakette an das Haus seiner Mutter in der Aignerstraße montieren, irgendwann wird es ein Museum mit Helmut-Berger-Memorabilien geben. Doch noch ist er mitten unter ihnen. Und Salzburg und der große Helmut Berger, sie müssen sich gegenseitig ertragen. Beide Parteien kommen dieser Aufgabe im Stile eines Ehepaares nach, das manche Zeit nicht mehr miteinander sprach, aber selbst das Schweigen nur in den allerbesten Salons zelebrierte.

Es ist wohl – wie bei den vielen teuren Feuerzeugen und dem einen billigen Feuerzeug – ein Geben und Nehmen. Alle, die Helmut Berger kennen, wissen: Er hat immer, immer, immer mehr gegeben als genommen.

Hier also betrieben seine Eltern ein kleines Lokal nach dem Krieg. Sein Vater, der erst vor wenigen Jahren gestorben ist, war Kriegsgefangener, kehrte erst drei Jahre nach Kriegsende zurück. Helmut musste beim Bierausschank helfen. Er floh, sobald er konnte. In seiner Autobiographie heißt es: «Ich hatte die Nase voll vom ‹Bräustüberl›. Von der Bierausschenkerei und den besoffenen Leuten. Von wegen ‹Proletarier, vereinigt euch›, in der Masse erzeugen sie den Mief der Mittelmäßigkeit. Und dazu gehörte ich nicht. Ein Leben mit diesem Volk? Ohne mich! Lange genug war ich der brave, folgsame Sohn eines braven, fleißigen, geradlinigen Vaters gewesen. Mein Geschenk an ihn war das Hoteldiplom, das mir nur noch Mittel zum Zweck schien. Für den Fall, dass mir mal das Reisegeld fehlen sollte,

Kratzen am Zuckerguss

die Schecks meiner Mutter nicht ausreichen. Ciao. Vater. Ciao. Salzburg. Ciao. Mutter.»

Nun ist er wieder hier. Bergers legendäres Appartement in Roms Via Nemea ist ihm vom Vermieter gekündigt worden. Er lebt wieder bei seiner Mutter. Statt dass ihm beim Aufwachen die Ewige Stadt zu Füßen liegt, blickt er jeden Morgen auf Salzburgs Hauptverkehrsader – Richtung Bad Reichenhall.

Ein so banaler Verlust kann jemanden wie Helmut Berger, der selbst tot noch um eine stilistisch einwandfreie Figur bemüht wäre, nicht aus der Fassung bringen. Die Umstände, unter denen er 1992 seine Wohnung einbüßte, waren schlimm. Eine Stichflamme aus der Steckdose hatte sein Appartement in Brand gesteckt. Bilder von Miró, Chagal und Schiele, eine Keramik von Picasso, eine Sammlung von Jugendstil-Vasen und Möbeln, zahllose Briefe und Erinnerungsstücke – alles wurde vernichtet. Schon damals verlor Helmut Berger eigentlich alles, was er an Wert besaß.

«Es ist besser, man gewöhnt sich im Leben ans Abschiednehmen», schrieb er in seinem Buch, einer dieser Sätze, die einer wie Berger so schreibt, und wenn er sie sagt, dann atmen sie plötzlich die Aura einer tiefen Wahrheit.

Es ist Berger anzusehen, dass er sich nicht besonders wohl in Salzburg fühlt. Die Stadt und er – man zickt ein wenig miteinander herum. Doch, das weiß auch er: Es gibt schlimmere Rückzugsorte für Kulturdenkmäler. Immerhin genießt er hier ziemlich komplette Narrenfreiheit.

Im Blick des Empfangschefs vom Hotel Österreichischer Hof flackert deutlich Panik, als Berger an diesem schönen Tag im Mai mit wirren Haaren und entschlossenem Blick die Lobby betritt. Dennoch (oder deswegen) wird er mit ausgesuchter Zuvorkommenheit bedient. Seine regelmäßigen Auftritte im Goldenen Hirsch, im Bristol oder im Österreichischen Hof gehören inzwischen zu Salzburg wie die regelmäßigen Heimsuchungen des *Jedermann*. Künder der Apokalypse werden in dieser Stadt toleriert. Das hat hier Tradition.

Irritierte japanische Touristen, die sich über diese Erscheinung wundern oder sich gar ersichtlich vor ihr fürchten, sie muss die Hoteldirektion in Kauf nehmen. Selbst der Erzherzog Karl von Österreich, der im Trachtenjanker in der Lobby steht und sich mit jemandem unterhält, zuckt nicht einmal mit der Wimper, als Helmut Berger obszön gestikulierend an ihm vorbeigeleitet wird.

Nun beginnt unser Mittagessen, das die Direktion des Österreichischen Hofs in weiser Voraussicht in ein Separée des Wintergartens verlegt hat. Immer noch beherrscht Berger sein gestisches Repertoire, und am reizendsten spielt er es aus, wenn er – was oft passiert – über ein Thema sehr plötzlich nicht mehr reden will und eine spektakuläre Müdigkeit vortäuscht. Mitunter reicht ihm da ein kurzer Fingerzeig, da schaut er einem in die Augen und macht mit dem Zeigefinger in der Luft den Scheibenwischer. Nutzt das nichts, lässt er sich beim Reden vornüber in sein Essen fallen und taucht mit Stücken gegrillten Hummers auf seinem Paschmina-Schal wieder auf.

Nur ein paar Aussagen dieses anstrengenden und doch auch wunderbaren Mittagessens müssen der Geschichtsschreibung halber festgehalten werden.

Helmut Berger, die Symbolfigur der bi-sexuellen Promiskuität, der in seiner Autobiographie vor sechs Jahren noch schrieb, dass er sexuelle Beziehungen zu Männern bevorzuge, weil es da «um die pure Lust und direkten Sex, ohne Schmeicheleien vorher und nachher» geht, sagte heute, ermattet, ein wenig Vinaigrette über den Hummer gießend: «Weißt du, Sex ohne Liebe ist ... Pah! ... c'est rrrien! Vergiss es!»

In seinem Buch klagte er, dass er unter der katholischen Sexualmoral gelitten habe, weil ihm bei jedem Gedanken an Sex Schuldgefühle verfolgten. Heute sagt er: «Diese Schuldgefühle, die ich mühsam bekämpft habe ... das, mein Engel, das waren Eingebungen meines Engels! Leider war viel zu oft der Dämon aber stärker.» Irgendwann habe er die Stimme des Engels nicht mehr gehört. Außerdem sei es immer schwieriger geworden, exzessiver als die anderen zu sein. Als die gesamte römische Society in den siebziger Jahren dem Kokain verfallen war und sich zum Naseschnubbeln ständig hierhin und dorthin verzog, blieb Berger, um die anderen wie Spießer aussehen zu lassen, nichts anderes übrig, als Unmengen des Giftes in aller Öffentlichkeit zu konsumieren. Bei Bulgari ließ er sich einen kleinen Strohhalm aus Gold anfertigen, den er fortan an einer Kette um den Hals trug. Auch die vergoldete Rasierklinge trug er stets am Mann.

Die größten Rollen – und man muss sagen: es waren wirklich sehr große Rollen – hatte er zu jener Zeit bereits hinter sich: Den jungen Erben Martin von Essenbeck in Luchino Viscontis *Die Verdammten*, den schwindsüchtigen Bruder Dominique in Vittorio de Sicas *Garten der Finzi Contini* und schließlich *Ludwig II*. Helmut Berger war an seinem 30. Geburtstag der begehrteste Jung-Schauspieler seiner Zeit, und er war nicht nur jung und von überragender Schönheit: Er war auch ein einmalig begabter Schauspieler. Womöglich war das alles zusammen ein bisschen zu viel. Bleibt einem wahrhaften Genie irgendwann nichts anderes mehr übrig, als sich von nun an nur selbst zu spielen?

Als Visconti 1976 stirbt, wählt Helmut Berger die Rolle, die er in gewisser Weise bis heute bewahrt: die des wahnsinnig gewordenen Witwers. Der aber selbst in Momenten des Exzesses stets ein Minimum der Haltung bewahrt. Beim Rosenball der Grimaldis in Monte Carlo war er einmal so zugekokst, dass er die Kontrolle über seine Peristaltik verlor und das Hinterteil seines weißen Smokings so bedreckt war, dass er bis zum bitteren Ende des Festes um 5 Uhr morgens an seinem Platz sitzen blieb und sich keinen Millimeter rührte. Oder man erlebte Berger bei einer Party der Prinzessin Serra di Casano in ihrem Chalet in Gstaad. Wer die ständigen Versuche Bergers, einen irgendwie zu berühren, als unsittlich empfand, erkannte nicht, dass man unterhalb des 30. Lebensjahres wie Quasimodo aussehen musste, um von Helmut Berger nicht begehrt zu werden.

Den Gedanken an ein Fest zu seinem 60. Geburtstag empfindet er heute als Beleidigung. «Nach den Partys, die ich gefeiert habe, da ist alles Weitere ein Abstieg. Ich hatte alle Partys. Paris, Madrid, Monte Carlo, New York, Rom, Mailand.» Er spricht diese Reihe von Städtenamen aus, als handele es sich um eine Stadt mit einem einzigen, langen und brillant leuchtenden Namen. Seine Freundin Holde Heuer hat ihm vorgeschlagen, zu seinem runden Geburtstag ein Fest in München zu organisieren. Er: «In München? Eine Party? Gebt mir einen Eimer! Eine Unverschämtheit!»

An frühere Geburtstagsfeste lässt er sich allerdings gerne erinnern. An seinen 30. etwa, eine «Bad Taste Party», zu der er in den Nachtklub Jackie O. einlud. Ganz Rom pilgerte zu dieser Party. Die Borgheses, die Niarchos, seine Freundinnen Romy Schneider und Brit Ekland. Oder sein 50. Geburtstag! Im Haus der Gräfin d'Estenville in Rom. In gewisser Weise war dieses Fest das späte Finale der dreißiger Jahre, Höhepunkt der Befreiung und zugleich mächtiger Schlussakkord des Niedergangs. Viele, die damals in den Salons dieses barocken, römischen Patrizierpalastes feierten, leben entweder nicht mehr oder sind von der Bildfläche verschwunden. Nie mehr wieder wurde so viel Kokain, Kaviar und Champagner in so rohen Mengen konsumiert wie an jenem Abend im Haus der Gräfin d'Estenville. Zu den Überlebenden des Abends gehören immerhin Jack Nicholson, Roman Polanski – und auf seine Art Helmut Berger. Der heute, homöopathische Kreislauftropfen aus der Manteltasche fischend, sagt: «Drogen sind des Teufels! Durch Drogen verwandelte ich mich zum Gegenteil von dem, was ich bin!»

Unter Helmut Bergers Arm klemmt ein Drehbuch. Es ist ihm von einem berühmten englischen Regisseur geschickt worden. Mit einem Bettelbrief. Wie er sie immer wieder bekommt. Er möge bitte eine winzige Rolle annehmen! Seit Tagen schleppt er das Drehbuch und den Brief mit sich herum. Seine Rolle wäre die eines Geistes, der immer wieder dem Helden des Films, Alexander dem Großen, erscheint und ihm Eingebungen zuflüstert. «You know you will kill your father. Don't you, boy?» lautet einer seiner Sätze, die er im Drehbuch gelb angestrichen hat. Die gebotene Gage ist angeblich phänomenal. Helmut Berger findet das Drehbuch entsetzlich: «Ich werde den Film nicht machen! Je ne veux pas. Basta! I will tell them ce soir. Fuck'm!»

Wie lange er in Salzburg bleiben wird, er weiß es nicht. Die überhöhten Mieten Roms ist er nicht mehr bereit zu zahlen. Neulich war er in Hamburg. Als Gast in Reinhold Beckmanns Sendung. Die beiden hatten ein Gespräch, das deshalb eine Sternstunde des Fernsehens war, da man sich viel Zeit füreinander nahm und Berger nicht auftreten musste, sondern erzählen durfte. Er war umarmungswürdig. Die Redaktion Beckmanns hatte sich zuvor aufopfernd um ihn gekümmert. Rund-um-die-Uhr-Betreuung inklusive Pediküre, Maniküre, Massage – sowie Ausbeutung der Speisekarte des Vier Jahreszeiten.

«Hamburg», sagt Berger plötzlich, nach einer seiner langen Pausen, «Hamburg hat mir gefallen. Dort könnte ich leben.» Warum nicht Berlin? «Uuuh! You must be joking! Proletenstadt!» Zisch! Hamburg, sagt er wieder. Hamburg sei nach seinem Geschmack.

Dort schafften sie ihn dann irgendwann tatsächlich zu Beckmann ins Studio. Davor hatte Helmut Berger seine Suite vier Tage lang nicht verlassen.

Saif Gaddafi, Diktatorensohn

Man sollte mehr mit arabischen Diktatorensöhnen verkehren. Ihrem Benehmen haftet noch etwas Archaisch-Feudales an. Sie verfügen noch über eine angeborene Autorität. Es fällt ihnen leicht, Distanz zu halten. Sie sind nicht anbiedernd und allzeit verfügbar wie die Prominenten aus dem Showgeschäft, die ebenfalls gerne in diesem Hotel residieren. Die Anwesenheit eines wichtigen Orientalen kündigt sich in der Halle des Berliner Four Seasons bereits durch die Präsenz seiner Entourage an, die sich dort ständig in Erwartung seiner Ankunft aufhält. Kleine Gruppen arabischer Männer, die miteinander diskutieren oder wichtige Gespräche per Handy führen. Dem Termin mit einer wichtigen orientalischen Persönlichkeit geht stets ein wichtiges Ritual voraus – es besteht aus Warten. Zu dem Warteritual gehört es, dass sich immer wieder besorgt blickende Mitarbeiter nähern, deren Name meistens Mohammed lautet, die um Geduld bitten. Ist dieses Ritual absolviert, wird man irgendwann von dunkel gekleideten Herren mit Funkgerät in die Suite der hohen Persönlichkeit geführt – natürlich nicht, bevor man nicht vor dieser ebenfalls noch einmal warten musste.

Endlich sitzt man ihm gegenüber. Saif al Islam Gaddafi, der älteste Sohn des libyschen Staatschefs, strahlt das Selbstbewusstsein eines jungen Mannes aus, dem die Welt zu Füßen liegt. In seiner Heimat gilt er als Nachfolger seines Vaters, er ist 29 Jahre alt, gutaussehend, sportlich und spricht mehrere

Sprachen fließend. In Libyen hat er bereits eine politische und wirtschaftliche Schlüsselposition inne, kaum ein Auftrag wird an ein westliches Industrieunternehmen vergeben, das Saif al Islam Gaddafi nicht vermittelt oder genehmigt hätte. Als Präsident der Gaddafi-Stiftung bestimmt er die libysche Außenpolitik mit, indem er in der arabischen Welt Geld verteilt, um Krankenhäuser und Schulen zu bauen (oder auch die eine oder andere muslimische Organisation zu fördern). Eigentlich ist er aber Architekt. Studiert hat er in Wien, wo er unter anderem für Aufsehen sorgte, weil er zwei weiße Tiger als Haustiere hielt. Seine Lieblingsbeschäftigung ist Tauchen, und weil der Tag lang ist, malt er auch ein wenig.

Man beginnt das Gespräch mit einem wichtigen Orientalen mit Belanglosigkeiten. Das erste Mal in Berlin? Nein, das zweite Mal. Gefällt ihm die Stadt? Sehr gut, und so weiter. Am liebsten würde man mit ihm über Sportautos, seinen Schneider, seine Uhr reden. Aber da er hier ist, um Bilder zu zeigen, die er gemalt hat, gebietet es die Höflichkeit, ein wenig darüber zu sprechen, obwohl die einzige Frage, die sich wirklich aufdrängt, die ist: Warum, um Himmels Willen, malt er? Hat er nicht genügend anderes zu tun? Er malt, erklärt er, um seine Gefühle und Sehnsüchte zu artikulieren. Sein großes Vorbild sei Dalí, der es geschafft habe, seine Träume zu malen. Gaddafi ist vernünftig genug, seine Bilder nicht verkaufen zu wollen. Obwohl es sicher so manchen gibt, der gerne einen «Original-Gaddafi» an der Wand hätte. Er hat mich übrigens freundlicherweise zum Tauchen nach Libyen eingeladen. Bericht folgt.

Kratzen am Zuckerguss

Damien Hirst, Künstler

Jeden Tag verhungern 20 000 Kinder in der Dritten Welt. In unseren Breiten stirbt man an Überfettung oder, wie James Dean und Diana, im Auto. Unsere Ressourcen sind erschöpft, unsere Umwelt ist vergiftet, die Weltwirtschaft in der Krise.

Wer in einer solchen Welt Künstler sein will, kann natürlich keine blühenden Frühlingswiesen malen oder röhrende Hirsche vor der Alpenkette. Aber müssen es gleich zersägte Kühe in Vitrinen sein? Zweigeteilte Schweinsköpfe? Fotos von Selbstmordopfern und Verkehrsunfällen? Offensichtlich ja, sonst würde die Kunstszene nicht vor Damien Hirst niederknien; anders kann man die Huldigung, die Hirst am Kunstmarkt erfährt, nicht nennen.

«Damiens Kunst hat eigentlich nur ein Thema», erklärt mir sein Manager und Gallerist Jay Joplin, «und das ist das älteste Thema der Kunst: Tod und Vergänglichkeit.» Mit dieser kunsthistorisch wasserfesten Interpretation erübrigen sich eigentlich sämtliche Fragen an Damien Hirst. Wer Antworten will, soll sich seine Kunst anschauen, sich paar Minuten vor sein Werk *A Thousand Years* stellen und beobachten, wie Hunderte Fliegen auf der einen Seite einer Vitrine von einer Schale Zuckerwasser angezogen werden und auf der anderen Seite vom blutigen Schädel einer Kuh nagen und alle irgendwann unweigerlich im darüber installierten Insektenkrematorium landen. Oder sich sein Buch *Always Forever Now* zu Gemüte führen, dass mit einer Anleitung zum vollendeten Selbstmord beginnt.

Noch Fragen? Ja doch, eine. Also besuche ich Damien Hirst in seinem Studio in Londons Künstlerviertel Soho. Die Frage lautet: «Schaffen Sie Kunst, oder zerstören Sie Kunst?» – «O fuck off», antwortet Damien Hirst genervt. *Fuck off* ist in England ein Mehrzweckbegriff, kann alles heißen, von «Lassen Sie mich in Ruhe», bis «Mmh ... interessante Frage». In dem Fall hieß *fuck off* einfach: «Lassen Sie uns nach nebenan gehen, ich muss aber nochmal schnell aufs Klo.» Als er zurückkommt, setzt er sich zu mir. Er trägt grüne Socken. Ich wiederhole die Frage. Er knirscht mit den Zähnen. Er weiß, dass ich darauf hinauswill, ob er sich in der Tradition der Dadaisten sieht, die die Kunstwelt verarschten, oder ob er seine Kunst tatsächlich ernst nimmt.

Den Künstlern der modernen Welt, in der «ein Flugzeug schöner ist als die Venus von Milo», so der Schriftsteller Emilio Marinetti, blieb in der zweiten Hälfte unseres Jahrhunderts nichts anderes übrig, als einzusehen, dass man mit Pinsel auf Leinwand nichts Neues mehr sagen kann, zumindest nichts, was für eine Zeit der Massenproduktion typisch sei. Also erhob Andy Warhol das Massenprodukt selbst zur Kunst, mit der Dose Tomatensuppe von Campbell. Sein Kollege Lichtenstein machte Comics zu Kunst. Okay, okay, wir haben verstanden, die Kunst ist tot, in der Sterbensphase gab es noch ein paar große Werke, die dieses Sterben eindrucksvoll zeigen, aber irgendwann muss doch Schluss sein. Man kann doch nicht jahrzehntelang auf eine Leiche einstechen. Sind nun Hirsts Fleischfetzen und Tierkadaver in Formaldehyd das endgültige Ende, oder gibt es

Kratzen am Zuckerguss

diese Kunst gar nur noch, weil der Kunstmarkt versorgt werden muss? Damien Hirst verarscht die Kunstwelt, aber er lebt auch von ihr. Sein Freund und Galerist Jay Joplin gilt als «das Verkaufsgenie der Branche». Also ist Damien Hirsts Antwort auf die Frage, ob er Kunst oder Anti-Kunst macht, die einzig richtige: «Lass uns in den Pub gehen und uns über die Auswegslosigkeit dieser Frage betrinken!»

Sein Freund Danny, der Hirsts neues Restaurant Pharmacy führt, kommt mit. Damien und Danny haben eine harte Nacht hinter sich. Es ist erst ein Uhr mittags, also frühmorgens wenn man zu Londons Bohème gehört. Damien hat Ringe unter den Augen, Danny ein Veilchen. Damien zahlt die erste Runde Bier und Cyder. Wir setzen uns an den einzig freien Tisch des ziemlich versifften Pubs. «Was willst du noch von mir wissen?» – «Danke nichts, deine Kunst spricht für sich, was soll ich da noch fragen?» – «Aber ich habe ein paar Fragen», sagt Hirst nach einem ersten Schluck, der nur noch die Hälfte des Bierglases übrig lässt: «Spielst du Lylatwars auf Nintendo 64?» – «Nein, tut mir leid.» – «Aber ich. Morgen werde ich in meinem Landhaus in Devonshire den ganzen Tag Nintendo spielen. The whole fucking day.» Er zündet sich eine Marlboro an: «Was war das meiste, was du in einer Nacht getrunken hast?» – «Ich war bei der Marine», beruhige ich ihn, «somit kann ich mich mit jedem messen lassen.» – «Magst du analen Sex?» – «Nein, danke.» – «Versuch's doch mal. Letztlich sind alle Löcher gleich.» Kurze Pause. «Hast du einen großen oder kleinen Schwanz?» – «Angeblich gibt es Blutschwänze und Fleischschwänze», stammele ich, «Letztere sind zwar im schlaffen Zustand größer, aber nicht unbedingt im erigierten.»

Er holt ein kleines Holzschweinchen aus der Tasche: «Dieses Schwein bedeutet mir unheimlich viel. Gestern Nacht habe ich ihm den Kopf abgebissen.» Das Schwein ist mit Beißspuren übersät. Er wendet sich an einen älteren Herrn am Nebentisch, der gemütlich sein Bier trinkt: «Wollen Sie dieses Schweinchen haben?» – «Nein, wohl doch lieber nicht», sagt der Herr höflich, ohne zu wissen, dass er gerade einen «echten Hirst» abgelehnt hat.

Die zweite Runde Bier geht auf mich. Bisher hat es Hirst nicht geschafft, mich aus der Fassung zu bringen, jetzt drehe ich den Spieß um: «Ich liebe die Chapman-Brüder, weil ihre Werke alle gleich sind und ihnen der Kunstmarkt offensichtlich scheißegal ist.» Uups, das saß. Dinos und Jake Chapman gehören zu den Künstlern, die im Windschatten des Erfolgs von Damien Hirst zu neuen Stars am Himmel der Britpop-Kunstszene aufgestiegen sind. Ihre Kunst ist noch schockierender als die von Hirst, selbst Hartgesottene können ihre Werke nicht betrachten, ohne dass ein gewisses Gefühl von Unwohlsein oder unangenehme Assoziationen aufsteigen: In ihrer Werkstatt im äußersten Süden Londons verschmelzen die Chapman-Brüder nackte Kinder-Schaufensterpuppen miteinander, vertauschen Münder mit Vaginas, Nasen mit Penissen. Manche Figuren haben – quasi genetisch manipuliert – mehrere Penisse, andere mehrere Vaginas, aber eigentlich sind alle gleich; was anderes produzieren die Chapmans kaum. Hätten die Chapman-Brüder einen Manager wie Hirst es in Jay Joplin hat, würden sie mit ihren «Fuck Faces» haushalten, um die Preise hochzuhalten. Wie Hirst, der zum Beispiel keine Tiere in Formaldehyd mehr macht; mit dem Erfolg, dass sich die Museen und Sammler die-

Kratzen am Zuckerguss

ser Welt um die letzten Exemplare reißen. Dass die Chapmans die Automatismen des Kunstmarkts einfach ignorieren, macht sie aber zu den mutigeren «Anti-Künstlern».

Statt auf die Chapman-Brüder einzugehen, schnappt sich Hirst mein Handy, wählt die Nummer von Jay Joplin, der gerade unterwegs nach Heathrow ist, um nach New York zu fliegen. «Jay? ... Hi Jay, du alte Fotze, was für ein Arschloch hast du mir denn hier zum Interview angedreht? ... Ah ja ... Na gut ... Bist du schon unterwegs? ... Verscherbel gefälligst die teuersten meiner Stücke ... Okay, fuck off.» *(Fuck off* hieß diesmal Auf Wiederhören).* Dann sagt er doch noch was zu den Chapmans. Er dreht einfach um, was ich gesagt habe. Ein Spät-Dadaist eben: «Ich hasse die Chapman-Brüder, weil sie sich nur nach dem Markt richten.» Und fährt fort: «Leg gefälligst deine Zigaretten auf den Tisch, du Wichser, und versteck sie nicht in deiner Tasche» («Wichser» ist in Londons Gossensprache durchaus ein Kosename).

Inzwischen sind wir beim vierten Bier auf nüchternen Magen. Neben uns schlingen sich amerikanische Touristen Cumberland Sausage mit Kartoffelbrei hinunter, der einzige Nebentisch, der nicht seine eigenen Gespräche unterbrochen hat, um bei uns mitzuhören. Auch der Herr, dem Hirst vorhin sein Schweinchen schenken wollte, will nun etwas von Hirst wissen: «Was kann man eigentlich noch wirklich Neues in der Kunst machen?» Hirst überlegt. Ein anderer Mann, der hinter uns an einem halben Bier nuckelt, wirft ein: «Was ist moderne Kunst? Es genügt doch, dass ein wichtiger Künstler auf ein Objekt zeigt und sagt: Das ist Kunst! Somit ist es Kunst, auch wenn es ein Stück Scheiße ist.» Picasso wurde einmal von einem

Sammler gefragt, ob ein «Picasso» den er gekauft habe, echt sei. «Wieviel haben Sie dafür bezahlt?», fragte Picasso. – «100 000 Dollar.» – «Dann ist er echt.» Da offensichtlich alles Kunst sein kann, mache ich einen Vorschlag: «Ich würde bekritzelte Klotüren ausstellen.» – «Nein, nein, das geht nicht», sagt Hirst sarkastisch, «das wollte ich als Nächstes machen.» – «Ich meine es aber ernst, Graffiti befriedigt den gleichen Ur-Instinkt, den Steinzeitmenschen gehabt haben müssen, als sie ihre Wände bemalten.» Plötzlich meldet sich der Ältere am Nebentisch wieder: «Ich war selber auf der Kunstakademie, habe noch Zeichnen gelernt. Spielt handwerkliches Können in der modernen Kunst eigentlich noch eine Rolle?» – «Also mit Handwerk hat moderne Kunst wirklich nichts zu tun», empört sich Hirst. «Und mit Schönheit erst recht nicht. Der abstrakte Gedanke, die *message*, zählt.»

Ausschlaggebend für die Qualität eines Kunstwerks ist heutzutage offenbar nicht mehr das Objekt selber, sondern die Aussage, die dieses Objekt hat, der «Beipackzettel», wie mir eine große Sammlerin moderner Kunst erklärt. Ohne diesen «Beipackzettel» würden Duchamps Pisspott, Warhols Campbell-Dose oder Hirsts Tierkadaver nicht im Museum of Modern Art landen, sondern auf dem Müll. Für den rechten «Beipackzettel» sorgen Kunsthistoriker. Wichtig ist aber auch die Glaubwürdigkeit, die man erlangt, wenn große Sammler und Museen auf einen setzen. So war für Hirsts Karriere entscheidend, dass der ehemalige Werbezar Charles Saatchi seit Anfang der Neunziger gezielt seine Werke aufkaufte – weil, wie die *FAZ* schreibt, «seine private Kunsthalle an Londons Boundary Road inzwischen als Barometer marktbestimmender Kunsttendenzen gilt».

Damiens Karriere begann vielversprechend, als er im zarten Alter von zwölf Jahren herausfand, dass der Vater, mit dem er aufwuchs, nicht sein leiblicher war. Wenn man seiner Tante Barbara Glauben schenken kann, verwandelte sich der brave Junge von diesem Moment an in ein kleines Monster. Beruhigend zu wissen, wie weit man es mit einem Schuss Wahnsinn und einer Kettensäge bringen kann. Hirst schrieb sich bei der progressiven Kunstakademie des Goldsmiths College ein. Ende der achtziger Jahre initiierte er mit anderen Absolventen des Goldsmiths College eine Reihe von inzwischen legendären Gruppenausstellungen in den Londoner Docklands. Dort wurde Hirst von Saatchi entdeckt, durch dessen Segnung er zum zurzeit begehrtesten Künstler Englands wurde. Spätestens seit Saatchis aufsehenerregender Ausstellung «Sensation» in der Royal Academy letzten November reißen sich Museen rund um den Globus um Hirsts Werke. Nur mit dem Export nach Amerika hat er Probleme: Die New Yorker Behörden ließen zum Beispiel das für das Museum of Modern Art bestimmte Werk *Dead Couple Fucking Twice* nicht durch den Zoll, weil von der Installation (die Kadaver eines Bullen und einer Kuh simulieren, hydraulisch gesteuert, die Kopulation) angeblich «Explosionsgefahr» ausginge und außerdem verhindert werden sollte, dass Betrachtern übel wird.

Ein weiteres Problem für Hirst: «Langsam gehen mir die Leute aus, die noch richtig schockiert sind von dem, was ich mache.» In Londons Kulturszene ist Fäkalien- und Genitaljargon zurzeit so en vogue, dass zum Beispiel neue Theaterstücke im West End kaum die Beachtung der Szenekritiker finden, wenn nicht wenigstens ein Drittel der vorkommenden Wörter *fuck* und *cunt* sind. Das Bildungsbürgertum will eben schockiert werden und wäre es wahrscheinlich am meisten, wenn man statt Promiskuität und Analsex plötzlich Askese und Enthaltsamkeit thematisieren würde.

«Wie finden Sie eigentlich Deutschland?», frage ich ihn, da ich sehe, dass unsere kunsttheoretische Debatte in ihm ebenfalls Explosionsgefahr auslöst. «Ich liebe Berlin», sagt Hirst. 1993 hat er ein Jahr hier verbracht, ein Auslandsstipendium des Deutschen Akademischen Austauschdienstes (DAAD). «Wenn ich an Deutschland denke», fügt er hinzu, «denke ich an Mercedes, an Perfektion, aber auch an die Perfektion, mit der die Nazis zugange waren. Ich denke an all diese schnuckeligen Orte, aber auch an das Grauen, das sich hinter dieser Schnuckeligkeit verstecken kann.» Sein Lieblingsfilm? *Apocalypse Now*. Sein Lieblingsbild? *Ghost of a Flea* von William Blake. «Gib mir sofort diese Wurst!», pfeift er plötzlich unvermittelt die Amerikanerin am Nebentisch an, die gerade genüßlich ihre Cumberland Sausage mit Kartoffelbrei verzehrt. Für eine Sekunde erschrickt die ahnungslose Frau fürchterlich, dann lächelt Hirst wie ein unschuldiger Engel, und alles ist sofort wieder vergessen. Schließlich nimmt er den vollen Aschenbecher vor uns in die Hand und sagt: «Aschenbecher sind wie Friedhöfe.» Tatsächlich stehen einige Kippen wie Grabsteine hoch. Hirst ist unbestritten ein Meister des Horrors. Langsam verstehe ich, warum alle großen Horrorgeschichten wie Dracula, Frankenstein oder Dr. Jekyll und Mr. Hyde immer von Engländern ausgedacht wurden.

Arthur Cohn, Filmproduzent

Diese Zeilen schreibe ich in einem venezianischen Palazzo aus dem 15. Jahrhundert mit Blick auf den Canal Grande. Seit Tagen stürme ich von einem Ausstellungsort zum nächsten. Ich kann keine moderne Kunst mehr sehen! Statt Sie also mit Betrachtungen über das Publikum der Biennale zu langweilen und Überlegungen darüber anzustellen, warum moderne Kunst bei affluenten Damen chirurgische Korrekturen der eigenen Lippen als Lieblingsbeschäftigung abgelöst haben mag, möchte ich lieber über ein Erlebnis der dritten Art berichten, das mir vergangene Woche widerfahren ist.

Arthur Cohn hatte mich zu einer Buchvorstellung nach Basel eingeladen. Arthur ist nicht nur der Produzent von einigen der bedeutendsten Werke der Filmgeschichte (etwa *Die Gärten der Finzi Contini* und *Central Station*), er entspricht auch ziemlich genau meiner Idealvorstellung eines benevolenten Diktators. Unfreundlichen Leuten kann ich mich entziehen, Menschen von der Liebenswürdigkeit eines Arthur Cohn bin ich ausgeliefert. Arthur ist von einer derart überwältigenden Fürsorglichkeit, dass ich in seiner Gegenwart nur bedingungslos kapitulieren kann.

Eigentlich wollte ich über Zürich fliegen, um meinen alten Freund Michael Graeter zu sehen, der inzwischen dort lebt, aber ich konnte nicht, weil Arthur mir befahl, direkt nach Basel zu reisen. Eigentlich wollte ich im Basler Hilton absteigen, da ich mit der dortigen Hausdame befreundet bin. Das ging nicht, weil Arthur insistierte, dass ich im viel schöneren Hotel Les Trois Rois wohnen solle.

Nach der Buchvorstellung lud mich Arthur ein, mit ihm und Johannes Mario Simmel zu Abend zu essen. Meine ursprüngliche Absicht, für mich selbst zu bestellen, war ohnehin lächerlich. Simmel versuchte immerhin zaghaft, Widerstand zu leisten, unterwarf sich letztlich aber auch der Arthurkratie. Der Dialog mit dem Kellner gestaltete sich folgendermaßen: Simmel: «Ich nehme nur die Brennnesselsuppe und ein wenig Spargel.» Cohn: «Unsinn! Du nimmst natürlich außerdem die gegrillten Crevetten!» Simmel: «Ich esse abends immer wenig.» Cohn zum Kellner: «Sie bringen Herrn Simmel die Suppe, die Crevetten und anschließend Spargel.» Zum Dessert wurden Rhabarbertörtchen befohlen. Anschließend Kaffee und Gebäck.

Am nächsten Morgen verabredeten wir uns für 8 Uhr 25 zum Frühstück. Um 8 Uhr klingelte in meinem Zimmer das Telefon. Der Concierge: «Herr Cohn wartet in der Halle auf Sie!» Um 8 Uhr 15 rief der Concierge wieder an. «Herr Cohn lässt fragen, wie Sie Ihre Eier bevorzugen.» Als ich mich pünktlich um 8 Uhr 24 zum Frühstück einfinde, erwartet mich ein über meine Absicht, nur Früchte zu essen, empörter Arthur Cohn. Er sieht, wie ich mir drei Stückchen Ananas auf den Teller lege. «Jetzt mach nicht so einen Quatsch! Nimm gefälligst anständig!» Ich lade Unmengen Obst auf den Teller. Eigentlich müsste ich längst Richtung Flughafen aufbrechen, doch Arthur besteht darauf, dass ich in Ruhe frühstücke. Als er mich zum Taxi begleitet, befiehlt er dem Fahrer: «Wehe, Sie nehmen von diesem Mann Geld an! Die Rechnung geht auf mich!»

Kratzen am Zuckerguss

Auf dem Weg zum Flughafen erwachte langsam meine Fähigkeit wieder, eigene Entscheidungen zu treffen. Heute Morgen wurde mir hier in Venedig per Bote eine Spieluhr überbracht. Mit lieben Grüßen von: Arthur Cohn. Keine Ahnung, wie er meine Adresse hier herausgefunden hat. Wenn ich mir eine Regierungsform wünschen könnte, dann wäre dies die Arthurkratie. An der Spitze des Staates stünde ein Arthur Cohn, der einzig das Wohlergehen seiner Untertanen im Sinn hat.

Arthur Cohn, Filmproduzent

Dr. Jean-Louis Sebagh, Schönheitsarzt

Schon seltsam: Die Alten werden immer jünger – und die Jungen immer älter. Damen jenseits der 50 sehen zum Anbeißen aus, während so manche Anfangzwanzigerin wirkt, als habe sie schon drei Ehen hinter sich. Vielleicht werde ich aber einfach älter und schaue plötzlich Frauen statt, wie früher, Mädchen hinterher. In London habe ich den berühmtesten Schönheitsdoktor der Welt, Dr. Jean-Louis Sebagh, aufgesucht, um dem Geheimnis reifer weiblicher Schönheit auf den Grund zu gehen. Um ganz genau zu sein: Ich habe zwei Tage in dem Behandlungsraum verbracht, der für die weibliche High Society Londons als *inner sanctum* gilt. Der Doktor nahm mich – eine Ausnahme und eine Ehre zugleich – mit zu seiner Arbeit. Er zog mir einen weißen Kittel über, drückte mir ein Clipboard in die Hand. Fortan hieß ich «Dr. Alexander from Germany». Ich war eine Art Wallraff, nur halt in einem Milieu ein paar Steuerklassen nördlich davon. Wer bei Sebagh behandelt werden will, nimmt monatelange Wartezeiten und horrende Rechnungen in Kauf. Leider darf ich keine Namen nennen, aber: Sebagh hat das weitaus glamouröseste Wartezimmer der Welt. Zwischen 9 Uhr morgens und 20 Uhr abends haben wir, ich darf sagen *gemeinsam,* unter anderem einen Mega-Popstar, ein weltberühmtes Topmodel, zwei bekannte Schauspielerinnen, zwei der reichsten Frauen Londons, eine Fernsehansagerin, eine Bestseller-Autorin, eine ara-

Kratzen am Zuckerguss

bische Prinzessin und eine russische Oligarchengattin behandelt.

Wenn die englische Presse über Dr. Sebagh schreibt, dann fangen die Artikel über ihn so oder ähnlich an: «Wer ist der mächtigste Mann der Society? Jacob Rothschild? Einer der Goldsmiths? Der Titel gebührt Dr. Jean-Louis Sebagh, der Schönheitsdoktor, dem Londons reichste und berühmteste Gesichter ihr Aussehen verdanken.» Dieser Mann ist inzwischen zu einer Art mythischen Figur geworden, konstatiert der *Tatler*, das Zentralorgan der Londoner Upper Class, «ein weißer Ritter im Arztkittel, der jede Woche dienstags aus Paris in die Stadt einreitet, ausgerüstet mit seinen erprobten Waffen, den Botoxspritzen, um uns gegen die Begleiterscheinungen des Älterwerdens zu verteidigen».

Mein Text fängt so an: Seine Praxis befindet sich in der Wimpole Street im Arztviertel der Stadt. Die Nummer 25 ist ein unscheinbares Haus. Dass dies keine x-beliebige Arztpraxis ist, verrät nur die Konzentration dunkler Limousinen, in denen sich gelangweilte Chauffeure auf stundenlanges Ausharren eingestellt haben. Denn, das muss man wissen, ein Besuch bei Dr. Botox ist ein egalitäres Erlebnis. Ob Madonna oder Elle MacPherson (die an jenem Tag übrigens nicht behandelt wurden, die aber nicht leugnen, zu Sebaghs treuesten Patientinnen zu gehören), ob Millionärin oder Nobody, man muss hier mindestens zwei Stunden (meistens mehr) Wartezeit einrechnen. Die Damen im Wartezimmer meiden es, sich anzuschauen, sind damit beschäftigt, jede Zeile der hier ausliegenden Magazine (*Vogue, W, Tatler* und, deutlich weniger zerblättert, der *Economist*) zu lesen.

Die erste Patientin wird von Sebaghs Sprechstundenhilfe namens Dale hereingerufen. Dale ist überaus charmant und zuvorkommend, aber ihre Lippen wirken einen Touch zu aufgeplustert, um eine Werbung für Sebaghs Künste zu sein, dessen weltweite Spitzenstellung ja gerade deswegen so unumstritten ist, weil er berühmt dafür ist, Botox (fürs Gesicht) und Collagen (für die Lippen) äußerst subtil einzusetzen. Die Damen, die Sebaghs Künste in Anspruch nehmen, wollen ja gerade nicht, dass man ihnen das ansieht. Sebagh ist ein charmanter Mann Anfang 50, mit dunklen, lockigen Haaren, festem Händedruck, französischem Akzent. Daher spricht er das Nervengift Botox auf verniedlichende Weise «Bötöx» aus. Seine Familie (jüdischer Abstammung) kommt ursprünglich aus Syrien und landete über den Umweg Nordafrika in der vorletzten Generation in Paris.

Seine erste Patientin an diesem Morgen ist 52 Jahre alt. Dunkler Typ, attraktiv, ein typisches Mitglied jener *Ladies-who-lunch*-Brigade, die zur Mittagszeit Lokale wie das San Lorenzo und das Cipriani besetzen. Am Armgelenk eine diamantenübersäte Uhr von Cartier, am Finger einen Diamantring in der Größe halb Kensingtons. In sieben Tagen feiert ihr Sohn Bar-Mizwa. Für dieses Ereignis möchte sie ihr Gesicht ein wenig gestrafft haben. Ihre Hauptsorge gilt der Frage, ob die heutigen Vitamin- und Botoxinjektionen Spuren auf ihrem Gesicht hinterlassen werden, sie sei nämlich zum Lunch mit Freundinnen verabredet. *«Are you absolutely sure, doctor, that I can have lunch later?»* Der Doktor versichert, dass man ihr nichts ansehen wird, drückt ihre Schulter sanft auf die Behandlungsliege, dreht eine Lampe über ihr Gesicht, zwickt sie in die Wan-

Kratzen am Zuckerguss

gen, um mir stolz die babypopohafte Elastizität ihrer Haut vor Augen zu führen. «Diese wunderbare Frau», sagt er zu mir, «ist seit zehn Jahren bei mir in Behandlung. Fassen Sie mal ihre Haut an!» Wie die meisten Patienten hier, kommt Leila alle sechs Monate, so lange etwa wirkt Botox. Die Behandlung kostet knapp 1500 Euro. Botox, das sei für nicht Eingeweihte kurz erklärt, ist der Kosename für das Nervengift Botulinumtoxin A. Es wirkt nach etwa zehn Tagen und lähmt dann monatelang die damit behandelten Gesichtsmuskeln und radiert dadurch zum Beispiel Denkerfalten auf der Stirn und Lachfalten auf den Wangen aus. Wenn manche Damen der Gesellschaft auf Cocktailpartys auffällig gelangweilt wirken oder ihre Mimik selbst dann reglos bleibt, wenn sie erfahren, dass ihr Mann sie mit dem Kindermädchen betrügt, liegt das wahrscheinlich am falsch behandelnden Arzt. Denn wenn Botox unsachgemäß gespritzt wird, verleiht es dem Gesicht in etwa den Charme einer Wachspuppe.

Sebagh bittet die Dame zu grinsen. Die Falten markiert er mit kleinen Punkten. Er bittet sie, die Stirn zu runzeln und markiert abermals die Falten. Die von ihm verwendete Spritze hat eine fast unsichtbar dünne Nadel, damit injiziert er Botox, etwa ein Dutzend Mal entlang der zuvor markierten Stellen. Nach jeder kleinen Injektion schwillt die Haut um die Punktierung ein wenig an, er massiert die Schwellung weg. Nach vier Minuten ist die Behandlung beendet, Leila kann, wie versprochen, makellos zum Lunch gehen.

Die nächste Patientin ist eine amerikanische Botschaftergattin, die nicht ganz so attraktiv ist wie die Dame zuvor, was auch daran liegt, dass sie seit Jahren «schummelt», wie Sebagh mir später erklärt. Sie fliegt zwar jährlich zweimal ein, um sich von Sebagh mit Botox die Falten glätten zu lassen und die Lippen ein wenig mit Collagen aufzupeppen, aber man sieht ihr an, dass sie chirurgischen Eingriffen zur Altersbekämpfung nicht abhold ist. Sebagh ist ein erklärter Gegner der Schönheitschirurgie. «Ich bin Restaurator, kein Architekt», sagt er. «Ich will keine Schönheit konstruieren, meine Kunst besteht darin, existierende Schönheit zu konservieren. Wer früh genug mit *beauty maintenance* anfängt, erspart sich Operationen.» Und er sagt: «Ich will aus einer 50-Jährigen keine 30-Jährige machen, sondern eine attraktive 50-Jährige. Jemanden zu verjüngen ist leicht, die Frage ist nur: Sieht derjenige danach auch besser aus?» Über Sebaghs Schreibtisch hängt eine Karikatur. Auf der sieht man einen Mann, der durch die Haustür tritt, im Wohnzimmer vor dem Fernseher sitzt seine Frau. Er sagt: «Na, wie ist die Collagenbehandlung gewesen, Darling?» Sie: «Super.» Ihr Gesicht besteht aus zwei gigantischen schwulstigen Lippen.

Obwohl Sebagh, der in Paris aufgewachsen ist und dort, neben der in London, eine zweite Praxis betreibt, seine Karriere als Schönheitschirurg begonnen hat und er seine Patienten in «zwingenden Fällen» auch mal an entsprechende Kollegen weiterempfiehlt, wird im Gespräch mit ihm und dem bei ihm beschäftigten Personal sehr schnell klar, welchen Stellenwert plastische Chirurgie in der Wimpole Street 25 hat. «Ein vernünftiger Lebensstil» und jedes halbe Jahr ein paar äußerst sparsame Injektionen an den relevanten Stellen, das ist Sebaghs-Rezept. Vernünftiger Lebensstil? «Was das bedeutet, weiß doch jeder», sagt Sebagh, «wenn man ein paar Regeln beachtet, können Frauen auch mit 50 noch das Gesicht einer

Kratzen am Zuckerguss

30-Jährigen haben.» Ich schreibe geflissentlich mit: «Erstens die richtige Pflege, also gute Feuchtigkeitscremes, die genügend natürliche Antioxidantien enthalten, Schutz vor zu viel Sonne, jeden Tag mindestens zwei Liter Wasser, eine vitaminreiche Ernährung, täglich Kapseln mit Omega-3-Fetten, Weißwein meiden, die Sulfate darin lassen die Haut altern. Und: Bloß nicht mit Gewalt Gewicht verlieren! Was das Gesicht wirklich jung hält, ist eine gewisse Fülle. Verliert man die, etwa durch tägliches Jogging, kriegt man es so schnell nicht wieder hin.» Hautpflegeprodukte? Sebagh produziert selber Hautcremes. «Wer behauptet, dass Cremes Falten beseitigen, der lügt! Hautpflegeprodukte können glätten, festigen, Feuchtigkeit spenden, schlechte Umwelteinflüsse mindern, das, was ich Haut-Management nenne, unterstützen – aber Falten kriegt man dadurch definitiv nicht weg, weil sie in Hautschichten sitzen, an die solche Produkte nicht herankommen, da helfen nur unterspritzte Füllstoffe wie Hyaluronsäure oder eben Botox.»

Die nächste Patientin ist in Eile. Sie erregt sich darüber, dass sie gut zwei Stunden im Wartezimmer verbringen musste. Wie jeder hier. Die ausliegenden Hochglanzzeitschriften kennt sie inzwischen auswendig. «Ich muss in einer halben Stunde zu Hause sein, um ein Radiointerview zu geben! Mit Amerika! Wenn ich dafür zu spät komme, kostet mich das zigtausend verkaufte Exemplare!» Sie ist etwa 50 Jahre alt, ziemlich attraktiv und Erfolgsautorin. Sie hat gerade ein Buch mit Beiträgen von Megastars herausgegeben, die sich darin zu spirituellen Fragen äußern. In England ein Riesenerfolg, und, wie sie offenbar hofft, bald auch schon in Amerika. Sebagh geht auf ihre Verärgerung erst gar nicht ein, sondern gebietet ihr knapp, sich hinzulegen.

«Haben Sie mein Buch gelesen?», will sie neugierig von Doktor Sebagh wissen. «Ja», sagt er, wobei er sich keine Mühe gibt, sein Desinteresse an ihrem Werk zu kaschieren. Genüsslich zieht er eine Spritze mit dem Nervengift auf. «Mochten Sie denn mein Buch?» – «Na ja.» – «Wie bitte? Alle, alle lieben mein Buch, es macht ein so ernstes Thema für alle lesbar!» Eigentlich müsste sie längst spüren, dass sie die Agonie nur verschlimmert, wenn sie den Doktor zu einer Einschätzung ihres Buches nötigt. «Dr. Sebagh, sagen Sie doch bitte endlich etwas über mein Buch», insistiert sie.

«Also», sagt Sebagh, «das Buch ist seichter als Paulo Coelho, und der ist schon sehr, sehr seicht.» Sie: «Ich liiiebe Paulo Coelho.» Er: «Das denke ich mir.» Sie: «Aber ist es nicht großartig, wenn berühmte Menschen über Dinge reden, die wirklich zählen, Glaube, Liebe, Treue, Hoffnung?» Er: «Das Schlimme an Stars ist, dass sie nur so lange faszinierend sind, bis man sie kennenlernt. Sie öffnen ihren Mund, und die Bewunderung fällt wie ein Soufflé in sich zusammen. Jack Nicholsons Beitrag in Ihrem Buch ist zum Beispiel an Banalität kaum zu überbieten.»

Sebagh absolviert sein Ritual, Falten mit dem Stift markieren, spritzen, freundlich verabschieden, da hat sie immer noch nicht genug und sagt: «Ich wollte mit Ihnen noch über meine Lippen reden ...» Er: «Ich dachte, Sie haben's eilig? Darüber reden wir das nächste Mal!» Die ist er los. Doch sie wird wiederkommen. Garantiert. Wie auch die anderen etwa zwanzig Frauen, die sich an diesem Tag noch von ihm behandeln lassen. Morgen wird er wieder mit dem Eurostar nach Paris fahren, um sich seiner dortigen Klientel zu widmen. «Gibt es eigentlich

Kratzen am Zuckerguss

einen auffälligen Unterschied zwischen Londoner und Pariser Frauen?», will ich von ihm wissen. «Nein», sagt er, «Frauen auf der ganzen Welt haben nur ein Bedürfnis: *They want to catch the mice,* sie wollen die Mäuse fangen, sie wollen so attraktiv sein, dass man ihnen hinterherschaut. Jede Frau auf der ganzen Welt liebt es, wenn man sie bewundernd anblickt. Wenn man ihre Schönheit wahrnimmt.»

Mein kleines Problem ist, dass ich seit meinem Besuch bei Dr. Sebagh Schönheit von Frauen über 40 nicht mehr ganz so unbefangen wahrnehme wie zuvor. Am Abend nach meinem Besuch bei Dr. Sebagh war ich zu einer Cocktailparty in einem Haus in Notting Hill eingeladen. Die schöneren Frauen waren diejenigen älteren Semesters. Ich fürchte, ich kenne ihr Geheimnis.

Angelica Blechschmidt, Mode-Legende

Neulich saß ich mit Margit J. Mayer, der Chefredakteurin von *AD*, im wie gewohnt leeren China Club mit Blick auf Berlins Holocaust-Mahnmal und aß gedünsteten grünen Spargel. Es war mittags, also trank ich grünen Tee und sie Whiskey. Ich versuchte, sie darüber auszuhorchen, was einen guten Chefredakteur ausmachte (denn am Tag zuvor wurde mir, was Frau Mayer nicht wusste, ein solcher Posten angeboten). «Eigentlich», gestand mir Margit Mayer, «habe ich alles, was ich kann, von Angelica Blechschmidt gelernt.» Der großen, sagenumwobenen Angelica Blechschmidt. 1980, im Jahr nach Gründung der deutschen *Vogue*, wurde die Blechschmidt deren Art-Directorin, neun Jahre später Chefredakteurin, das blieb sie bis 2003. Zwanzig Jahre lang war sie die höchste Geschmacksinstanz im Land.

Jetzt ist sie aus ihrem Schloss bei München nach Potsdam gezogen, in meine unmittelbare Nachbarschaft. Begierig, von so einer Frau zu lernen, fragte ich Frau Meyer, ob sie es für möglich halte, mir eine Audienz bei Frau Blechschmidt zu vermitteln. «Träumen Sie weiter!», lautete ihre ernüchternde Antwort. Am darauffolgenden Wochenende war ich wieder in Potsdam, versuchte mich in Gesellschaft meiner Frau auf einen *Tatort* zu konzentrieren, als das Telefon klingelte und sich Thomas Kemper meldete, der, wie meine Frau meint, der beste Friseur der Welt ist. Er war auf dem Weg nach Potsdam,

Kratzen am Zuckerguss

um eine Freundin zu besuchen, und wollte kurz in unserer Wohnung vorbeischauen, um bei uns Erste Hilfe zu leisten, also meiner Frau die Haare zu schneiden. Er habe aber nur wenig Zeit, da er, wie er versicherte, seine Freundin nicht so lang allein lassen könne. «Bring sie doch mit», sagte meine Frau in der ihr eigenen Unbekümmertheit, ohne zu ahnen, um wen es sich bei «der Freundin» handelte: Angelica Blechschmidt, an die es angeblich schier unmöglich ist heranzukommen.

Also stand, wenige Tage nachdem ich erfahren hatte, dass es Jahre dauern kann, bis man bei ihr eine Audienz erlangt, Angelica Blechschmidt vor unserer Haustür. Es war sommerlich warm, dennoch trug sie einen Pelzüberhang, es war früher Nachmittag und wir hatten nicht zum Cocktail, sondern nur zum Haareschneiden geladen, dennoch trug sie ein tief ausgeschnittenes Cocktailkleidchen. An ihrer Hand trug sie einen Topas-Ring, der kaum durch unsere Wohnungstür passte. Das Schauspiel ihres Besuches erinnerte an das Auftreten einer gutmütigen Monarchin, die sich herabgelassen hatte, das bescheidene Heim einer ihrer Untertanen zu besuchen. Thomas Kemper und der die beiden begleitende Reimer Claussen tänzelten um sie herum, wie Hofbeamte es bei solchen Gelegenheiten tun. Meine vier Jahre alte Tochter, die gerade ihren kleineren Bruder durch die Wohnung jagte, blieb wie angewurzelt stehen. Sie sah sie, sie sah den riesigen Ring, sie sah den Pelzmantel, und mit dem sicheren Instinkt eines vierjährigen Mädchens für feenhafte Erscheinungen ließ sie von der Verfolgungsjagd ab und wich Angelica Blechschmidt von da an nicht mehr von der Seite.

Erst später, als ich mich daranmachte, Informationen über Angelica Blechschmidt zusammenzutragen, erfuhr ich, dass es nur wenige Dinge gibt, die sie so indiskutabel findet wie Laminatboden. Es muss für sie eine harte Prüfung gewesen sein, sich das nicht anmerken zu lassen. Vielleicht ignorierte sie unseren Bodenbelag aber wohlwollend, aus Großzügigkeit. Eine Großzügigkeit, die sie nicht daran hinderte, mein Drängen, mir ein Interview zu gewähren, mit bedauerndem Lächeln abzuwimmeln. Alles andere wäre allerdings auch eine Enttäuschung gewesen. Eine Grande Dame gibt eben keine Interviews. Die Königin von England hat in ihrem ganzen Leben kein einziges Interview gewährt.

Mein Trost war und ist, dass man über einen Mythos ohnehin nichts erfahren kann, wenn man ihn einem so banalen Prozess wie einem Interview unterzieht. Einen Mythos kann man nur ergründen, indem man andere über ihn erzählen lässt. Also machte ich mich auf die Suche nach Menschen, die Zeuge des Mythos Angelica Blechschmidt wurden, die sie erlebt hatten, in den Redaktionsräumen der *Vogue*, bei den Modeschauen in der Gesellschaft. Sie selbst hätte das meiste, was mir berichtet wurde, als «normal», als nicht mitteilenswert empfunden. So wird berichtet, sie habe von den *Vogue*-Modejournalistinnen verlangt, in der Redaktion im Cocktailkleid zu erscheinen. Auch flache Schuhe soll sie für ihre Mitarbeiterinnen kategorisch abgelehnt haben. Selbst im tiefsten Winter soll sie ihre Redakteurinnen dazu angehalten haben, Schuhe mit hohen Absätzen zu tragen. «Wir lassen uns durch das Wetter doch nicht unser Schuhwerk diktieren» ist einer der berühmten Blechschmidt-Sätze, die in München weit über den Kosmos des Condé-Nast-Verlags zum geflügelten Wort geworden sind. Tatsächlich war es eher so, dass sie selbst nie auf die Idee gekommen wäre, in etwas anderem als im Cocktailkleid und in hohen Absätzen in der Redaktion zu erscheinen. Aber sie muss auf ihre Mitarbeiter eine hypnotische Wirkung gehabt haben, was zur Folge hatte, dass die Redakteurinnen sich, um ihr zu gefallen, in vorauseilendem Gehorsam dem Diktat des guten Geschmacks unterwarfen.

Auch hätte es Angelica Blechschmidt nicht als besonders berichtenswert empfunden, dass sie zur Verzweiflung ihres Herausgebers Bernd Runge darauf bestand, die Redaktions-etage der *Vogue* mit weißem Teppich auszustatten, auf dem sich ihre Mitarbeiterinnen auf ihren Stilettos mühelos bewegen können. Als sich die Verlagsführung gegen diese Extravaganz sträubte, verkündete sie, den Teppich aus eigener Tasche zu zahlen. Der Verlag gab nach. Verbürgt ist auch, dass die per-sönlichen Trinkgewohnheiten ihrer Mitarbeiter dem Diktat der Chefredakteurin unterworfen wurden. So verbat sie, aus Sorge um den weißen Teppich, den Redakteurinnen der *Vogue*, Coca-Cola zu trinken. «Cola macht Flecken!», verkündete sie: «Trinkt Champagner, Mädchen! Champagner macht keine Fle-cken!»

Die *Vogue* unter Blechschmidt, so die einhellige Auskunft ihrer ehemaligen Untertanen, war das täglich neu zelebrierte Matriarchat: «Ulf, Sie müssen mal wieder Ihr Zimmer aufräu-men.» – «Birgit, Sie gehen noch nicht zum Friseur, Ihr Haar soll wachsen.» – «Herr Forster, darf ich Sie mal kurz lynchen?» – «Engelein, so ein Oberdreck kommt mir nie wieder ins Haus.» – «Oberdreck» war ihr Codewort für alles, was es nicht verdient, veröffentlicht zu werden. Zwar hat die Blechschmidt so manchen untalentierten Redakteur zur «Salatschnecke» gemacht, hat so manche Redakteurin mit Mitleid gestraft, die nicht bereit war, ihr Privatleben der Berufung zur *Vogue*-Redakteurin zu opfern, allerdings fußte ihre Herrschaft nicht, wie bei der Romanfigur in Lauren Weisbergers *Der Teufel trägt Prada* über das Wirken einer fiktiven Chefin einer Modezeitschrift, auf Einschüchterung, sondern auf einer sehr viel wirksameren Waffe: Liebe. Karl Lagerfeld fragte sie einmal: «Ist es für einen Chefredakteur wichtiger, geliebt oder gefürchtet zu werden?» Ihre Antwort: «Wichtiger ist es, geliebt zu werden. Denn Liebe enthält bereits den Keim der Angst, die Angst, den anderen zu enttäuschen.»

Sympathie mussten sich ihre Untertanen allerdings hart erarbeiten. Am besten durch bedingungslose Unterwerfung und die Einsicht, dass man als *Vogue*-Mitarbeiter sein Recht auf Privatleben verwirkt hat. Das klare, strahlende Gegenteil zu «Oberdreck» im Blechschmidt-Vokabular war das Wort «Geniestreich», mit dem sie besonders gelungene Fotostrecken oder Texte bedachte. Eine häufig von ihr verwendete Redewendung, das berühmte «Huschi-pusch!», das immer dann zur Anwendung kam, wenn allerhöchste Eile herrschte oder wenn Redakteurinnen ihre privaten Abendtermine vorsorglich abzusagen hatten, darf heute in den Räumen der *Vogue* in der Ainmillerstraße in München-Schwabing nicht mehr verwendet werden, wenn man sich nicht als post-revolutionärer Anhänger der Blechschmidt zu erkennen geben will.

Jenes «Huschi-pusch!» sagen die, die ihr missgünstig gesonnen sind, sei immer mehr zum Synonym für überzogene

Kratzen am Zuckerguss

Deadlines und Budgets geworden. Sätze wie «Deadline ist der 17. Juni? Also sagen wir 17. Juli!» sollen damals in der Geschäftsführung des Condé-Nast-Verlags auf wenig Gefallen gestoßen sein. Helga Colle Tiz, genannt Collet, fiel als Chefin vom Dienst die Aufgabe zu, Angelica Blechschmidts aristokratische Zeitdisposition in den alltäglichen Heftablauf zu übersetzen. Ein Dialog zwischen Collet und Frau Blechschmidt wurde in einer hinter ihrem Rücken produzierten In-House-Abschiedsausgabe wie folgt festgehalten:

A. B.: «Also Collet, ich habe keine Zeit. Nur wenn es ganz schnell geht.»

   C.: «Wir haben Modeproduktionen, die weit über Budget liegen. Den Spielraum haben wir aufgebraucht.»

A. B.: «Was bedeutet das?»

   C.: «Ich kann nicht mehr – ja ich darf nicht mehr als diese Summe genehmigen.»

A. B.: «Ich muss ein gutes Heft machen.»

   C.: «Ja, aber wir können nicht mehr ausgeben, als wir haben.» (Kurze Pause. Frau Blechschmidt wendet sich wieder dem Plan für das neue Heft zu.)

A. B.: «Hier wird ein Produktionstag gestrichen, dieses Thema erweitern wir um vier Seiten. Diese Modestrecke stirbt total. So, jetzt habe ich keine Zeit mehr.»

   C.: «Außerdem haben wir die Termine überzogen. Bitte segnen Sie die Layouts der Graphik ab. Man hat schon angerufen.»

A. B.: «Wer ist man? Wenn Sie die Produktion meinen: Ich habe die Deadline schon um zwei Wochen verschieben lassen. Sie sehen, es geht! Und jetzt raus!»

Angelica Blechschmidt, Mode-Legende

Der Regisseur David Frankel, der sich gerade des Romans *Der Teufel trägt Prada* angenommen hat, sollte sich erkundigen, wie Angelica Blechschmidt bei den Pariser Modeschauen aufgetreten ist, um seinem Film Würze zu verleihen. Die Reisen, die unter ihrem Dirigat zu den großen Modeschauen stattfanden, sind jedenfalls verfilmenswert. «Ihr Zimmer im Ritz oder im Mailänder Four Seasons», sagt die *Vogue*-Autorin Ingeborg Harms, «ächzte vor Bouquets, mit denen die Großen des Geschäfts ihr die Reverenz erwiesen. Angelica plante in Mailand, Paris und New York jeweils einen Extratag für das Aus- und Einpacken ein, denn sie traute keinem anderen zu, ihre Kleider angemessen zu behandeln.» Während der Modeschauen sei sie von ihr stets mit einem mütterlichen «Los, los, los!» dazu angehalten worden, die Designer um Statements zur Kollektion anzugehen. Hauptsächlich aber forderte sie von ihren Moderedakteurinnen «offene Guckis» – um dann gleich die Drohung anzufügen: «Wehe, ihr seht nicht mit meinen Augen!»

Manolo Blahnik sagt, einer der Hauptgründe für ihn, die Schauen in Paris aufzusuchen, sei die Chance gewesen, Angelica Blechschmidt zu sehen. «Sie war immer die Schönste anzusehen. Ihr Enthusiasmus und ihre Berührtheit durch Mode ist ansteckend. Ihr Magazin spiegelte exakt ihren Geschmack wider.» Joan Juliet Buck, lange Zeit Chefin der französischen *Vogue*, steuerte meiner kleinen Umfrage folgende Episode bei: «Es war im Foyer des Ritz, wo Gianni Versace seine alljährliche Dinnerparty gab. Angelicas Art-Director hatte gerade die deutsche *Vogue* verlassen, um zu mir zu wechseln. Ich war mir nicht sicher, wie sie darauf reagieren würde. Ich sah sie, wie sie an

Kratzen am Zuckerguss

einer der Marmorsäulen stand, sie wirkte wie die Darstellerin in einem tragischen Schauspiel. Sie trug den größten Topas-Ring, den ich je gesehen habe. Ich näherte mich ihr zaghaft. Sie sah mich, drückte mir zwei Küsse auf die Wangen und umarmte mich feste. In ihren Augen sah ich eine Träne. Ab dem Moment war ich ihr verfallen. Später kaufte ich mir ebenfalls zwei große Topas-Ringe, um ein bisschen wie sie zu sein.»

Unter Blechschmidt hatte die deutsche *Vogue* in der internationalen Modeszene einen ungewöhnlich hohen Stellenwert. Als sie die *Vogue* übernahm, hatte das Blatt eine Auflage von etwa 40 000 Exemplaren. Als sie ging, waren es 130 000. Ihre größte Errungenschaft, sagen ihre Bewunderer, lag aber vor allem darin, ihren Leserinnen einen Sinn für weibliches Selbstbewusstsein vermittelt zu haben. Vermutlich hat die Blechschmidt mehr für die «Emanzipation» getan als Alice Schwarzer mit *Emma,* denn über zwanzig Jahre nutzte sie die *Vogue,* um ihren Leserinnen einzubläuen, dass sie im Berufsleben nicht «Mann» spielen müssen, um mit Respekt behandelt zu werden. So führte sie in ihren Seiten einen schlussendlich erfolgreichen Kampf gegen Hosenanzüge und erreichte, dass Frauen in deutschen Vorstandsetagen heute nicht mehr wie «Doppelte Lottchen» kostümiert sind, sondern in eleganten, ihre Weiblichkeit nicht kaschierenden Kostümen erscheinen. Einmal wurde sie gefragt: «Gibt es etwas, das Sie an der Mode hassen?» Sie: «Wie könnte ich etwas an dieser menschlichsten aller Künste hassen?» Und fügte hinzu: «Mode war im 20. Jahrhundert doch das schönste aller Instrumente zur Selbstbehauptung der Frau!»

Einer der verlässlichsten Augenzeugen des Blechschmidt-

Mythos ist ein Mann, der nicht genannt werden will, mir aber Dinge verriet wie: «Angelica Blechschmidt mag keine Flamingos.» Wieso? «Diese Augen: tot, wie aus Glas.» Spatzen dagegen halte sie für «extrem beseelt». Überhaupt: Tiere! Eine *Vogue*-Redakteurin wagte einmal den Versuch, eine Fruchtfliege, die über ihrem Obstteller kreiste, mit den Handflächen zu zerklatschen. Hätte sie das Kleinstlebewesen erwischt, hätte sie dies mit wochenlangem Liebesentzug bezahlt. «Im Ritz gab es eine Fliege, mit der ich mich angefreundet habe», erzählte sie einem Freund einmal, «sie begrüßte mich, wenn ich das Zimmer betrat. Sie kam mit ins Bad und zum Frühstück.» Offenbar gehört zu den Geheimnissen jener Leute, die wir «Legenden» nennen: Sie leben in einer oft verblüffenden Ideenwelt.

Diese Ideenwelt hat sie nach einem Vierteljahrhundert vom ländlichen Oberbayern in die königlich-preußische Residenzstadt Potsdam verlegt. Dort hat sie sich in einer spätklassizistischen Villa niedergelassen. In jener Straße, in dem die *Haute volée* der Stadt lebt, schräg gegenüber wohnt Friede Springer. Angelica Blechschmidt hat die erste und zweite Etage bezogen, ihre Nichte, deren Mann und zwei kleine Kinder wohnen im Erdgeschoss. Ihre Villa war, bevor sie dort einzog, ziemlich lädiert. Diesem Haus geschieht jetzt, was früher in der Redaktion, in den Studios der Designer und Fotografen geschah: Sie ringt um die ideale Form. In dem Bemühen, sie doch noch zu einem Interview zu bewegen, suchte ich sie dort kürzlich auf, einen riesigen Tulpenstrauß in den Händen. Dort balancierte sie, gekleidet im kleinen Schwarzen, mit Stilettos über provisorische Laufstege durch Baulärm und Staub und erklärte den

Kratzen am Zuckerguss

verdutzten Bauarbeitern, wie man Marmor möglichst fugenlos verlegt und Eichenholz kälkt.

Meine abermalige Bitte um ein Interview schlägt sie mir mit zärtlichem Lächeln zwar abermals ab, aber zu einer Tasse Tee darf ich immerhin hereinkommen. In den nächsten Tagen, sagt ihre Nichte, werden die wichtigsten Umzugswagen aus München erwartet, in denen sich Hunderte Kartons voller Bücher, Bilder und vor allem jene Abertausende Schnappschüsse der Fotografin Angelica Blechschmidt befinden. Keine Modeaufnahmen, sondern vielmehr Impressionen vor dem Runway und backstage und von apollinischen Festen der Mode-High-Society. Ein kleiner Teil der Fotos erschien unter dem Titel «Flash!» in vielen Folgen in *Vogue*. Die meisten warten auf Veröffentlichung in einem Buch, als Insider-Chronik aus dem Auge des Fashion-Hurricans.

Doch bevor die vielen Fotokisten geöffnet werden, muss das Haus vollendet sein. Außerdem macht im orangefarbenen Salon die Farbe noch Sorgen. «Christian, die Guckis auf!», ruft sie dem Maler zu, als der ihren Ton nach dem dutzendsten Versuch noch immer nicht trifft. Sie stellt ihn sich «um einen Hauch sanfter vor als das Orange von Hermès». Da dies dem Maler nicht viel sagt, verschwindet sie in ihrer Kleiderkammer und kommt mit einem Karton des berühmten Pariser Labels zurück. Zu zweit auf der Leiter tastet man sich pinselnd weiter, dem Ideal auf der Spur. Aus dem Ghettoblaster, der den kahlen Raum beschallt, dringt Maria Callas – «Vissi d'arte ...» heißt die Arie: «Nur der Schönheit weihte ich mein Leben.» Jetzt, da ich ihr gegenübersitze, eine Tasse Tee aus chinesischem Porzellan in der Hand, muss ich einsehen, dass es keinen Sinn macht, diese Frau, oder besser diese berauschende «Erscheinung», zu interviewen. Hätte ich sie befragt, statt die Menschen, die sie über Jahre erlebt haben, hätte ich kaum je etwas von dem erfahren, was ich hier zu Papier gebracht habe.

Charles Althorp, Dianas Bruder

Erinnern Sie sich an die berühmte Grabrede von Dianas Bruder Charles Althorp in der Westminster Abbey? Wie er beklagte, dass seine Schwester, die den Namen der griechischen Jagdgöttin trug, zum «meistgejagten Menschen des modernen Zeitalters» wurde? Wie er schwor, seinen beiden Neffen William und Harry zur Seite zu stehen, um sie vor einem ähnlichen Schicksal zu beschützen? Die Rede des Earl of Spencer war so sülzig, dass das Reinigungspersonal nach dem Ende der Trauerfeier Mühe gehabt haben muss, die Schleimspuren zu beseitigen. Dennoch wurde diese Ansprache von der Londoner Tageszeitung *The Guardian* kürzlich in die Liste der bedeutendsten Reden des 20. Jahrhunderts aufgenommen, neben so bedeutenden wie Winston Churchills Blut-und Tränen- und Martin Luther Kings I-have-a-dream-Rede. Dem *Guardian* hat Charlie Althorp nun auch verraten, wie er seine Traueransprache einstudiert hat. Er habe sich mit seinem Manuskript allein in den Raum des St. James's Palace zurückgezogen, in dem Diana aufgebahrt war, und vor dem Sarg stehend seine Rede laut vorgetragen. Am Ende habe er ein leises, zustimmendes Flüstern von seiner Schwester vernommen.

Das ist recht erstaunlich, denn als Diana noch zu Lebzeiten wirklich die Hilfe ihres Bruders benötigt hätte, wurde sie von ihm schmählich abgewiesen. Nach ihrer Scheidung von Prinz Charles hatte sie ihn nämlich wochenlang angefleht, ihr in einem Nebenhäuschen des elterlichen Schlosses von Althorp Zuflucht vor der Pressemeute zu gewähren – was er damals mit der Begründung ablehnte, ihre Anwesenheit würde zu viel Aufsehen erregen und das ländliche Idyll seiner Familie stören. Bittbriefe seiner Schwester schickte er damals ungeöffnet an sie in den Kensington Palast zurück.

Man kann übrigens die Uhr danach stellen, wann sich Charlie Althorp in Sachen Diana zu Wort meldet: stets zu Beginn des Sommers, immer ein paar Wochen bevor sich die Pforten seines Diana-Disneylands öffnen, das er auf seinem Landsitz in Althorp errichten ließ. Touristen können vom 2. Juli bis 2. September bei ihm ein Museum mit Diana-Memorabilien besuchen (der Eintritt beträgt umgerechnet 18,30 Euro) und dabei auch von Ferne auf die Insel im Schlosspark schauen, auf der Diana beerdigt ist. Zwar werden die Spencers seit Generationen auf dem Pfarrkirchhof des nahen Dörfchens Great Brington beerdigt, doch das wusste der Earl zu verhindern, denn dort hätte er keine Eintrittsgebühren verlangen können.

Zur Dianaland-Saisoneröffnung im vergangenen Jahr meldete er sich mit dem Vorwurf zu Wort, die königliche Familie würde seine Neffen William und Harry davon abhalten, Kontakt zu ihm zu halten. Damit könnte er sogar recht haben. Aber das liegt womöglich auch daran, dass er nicht wirklich dem Paradebeispiel eines verwandtschaftlichen Vorbildes entspricht.

Seine erste Frau, Victoria, ließ sich von ihm scheiden, nachdem er sie – während sie sich in einer Entzugsklinik befand – mit «mehreren Dutzend Frauen betrogen hat», wie in den Gerichtsakten steht. Seine zweite Frau Caroline ließ er mit zwei kleinen

Kindern (Ned, zwei Jahre alt, und Lara, vier Monate alt) für eine amerikanische TV-Journalistin sitzen. Selbst sein einst bester Freund aus seiner Internatszeit in Eton, Darius Guppy, hat sich inzwischen von ihm abgewendet, nachdem er herausfinden musste, dass sein «bester Freund» versucht hat, seine Frau zu verführen.

Als er vor neun Jahren sein Diana-Disneyland in Althorp bauen ließ, versprach er, die gesamten Einnahmen dem Princess of Wales Memorial Fund zu spenden. Inzwischen hat er sich durch den Diana-Tourismus zwar gründlich saniert, an den Memorial Fund hat er zu deren Unmut aber nur einen Bruchteil der Einnahmen überwiesen.

Ich halte es sogar für glaubhaft, dass Diana ihm damals aus ihrem Sarg etwas zugeflüstert hat. Aber wenn, dann ging das wahrscheinlich eher in die Richtung: «Mach dich vom Acker, du alter Heuchler!»

Otto von Habsburg, Kaisersohn

Otto von Habsburg gegenüberzusitzen, ist ein Erlebnis der dritten Art. Allein schon diese Sprache, dieses säuselnde Schlossdeutsch, ist aus einer anderen Zeit. «Bitttte fraaaagen Sie, wasss Sie wollen», sagt er derart gnädig, dass es fast wieder ein wenig ungnädig klingt.

Mein Großvater hätte noch stundenlang antichambriert, bevor er zum Oberhaupt des Hauses Habsburg-Lothringen im Schloss Schönbrunn vorgelassen worden wäre. Lakaien mit gepuderten Perücken hätten an der Tür Spalier gestanden, ein Stab ungeduldiger Adjutanten aus den ersten Familien des Reiches hätte darüber gewacht, dass er nicht länger als zehn Minuten die Zeit seiner Kaiserlichen und Königlichen Hoheit in Anspruch nimmt. Heute bekomme ich als Journalist einfach so einen Termin bei ihm. Und zwar nicht in Schönbrunn, sondern in einer großbürgerlichen Villa in Pöcking am Starnberger See. Eine Mitarbeiterin bringt Espresso in simplen Hutschenreuther-Tassen.

Unsere historischen Familienbande interessieren ihn nicht. Die Tatsache, dass meine Familie im Kampf um die Vorherrschaft im heutigen Südwest-Sachsen unter der Protektion seiner Ahnin Maria Theresia stand; dass eine meiner Urgroßtanten jene Gräfin Chotek war, die als (unebenbürtige!) Gattin des Thronfolgers Franz Ferdinand in Sarajevo erschossen wurde; dass mein Ururgroßvater Graf Széchenyi war, der eine

Kratzen am Zuckerguss

etwas tragische Rolle beim Aufstand der Ungarn gegen die habsburgische Herrschaft spielte, scheint ihm egal zu sein. Für ihn bin ich einer von vielen namenlosen und ein wenig mühsamen Journalisten, die er geduldig erträgt, weil sie ihn zu seinem neuen Buch ausfragen, das wohl sein letztes sein wird. *Der Habsburg-Faktor* muss daher als eine Art Vermächtnis eines der bedeutendsten Zeitzeugen des 20. Jahrhunderts gelten.

Das Wort Zeitzeuge wirkt im Zusammenhang mit Otto von Habsburg reichlich banal. Jeder, der das Methusalemalter von 94 Jahren erreicht hat, ist ein sogenannter Zeitzeuge. Otto von Habsburg ist sehr viel mehr. Er ist eine lebende Zeitkapsel. Als Kind saß er noch auf dem Schoß von Kaiser Franz Joseph von Österreich, der in seiner 68 Jahren währenden Regierungszeit über die Donaumonarchie herrschte, ein Riesenreich, das vom Bodensee bis zum Balkan und von der Ukraine bis zum Mittelmeer reichte. Als junger Student in Berlin wurde Otto von Habsburg von Hitler zum Lunch eingeladen; er lehnte ab. Später fahndete die Gestapo wegen Hochverrats nach ihm. Als abgesetzter Thronfolger traf er im Weißen Haus zu Gesprächen mit Roosevelt zusammen. Dem Schriftsteller Joseph Roth, der der untergegangenen k. u. k. Monarchie im Suff nachweinte, «befahl» er – in seiner Eigenschaft als ungekrönter Kaiser –, mit dem Trinken aufzuhören (was dieser dann auch gehorsamst tat).

20 Jahre lang war Otto von Habsburg Abgeordneter des Europaparlaments in Straßburg, zuletzt als dessen Alterspräsident. Er war dort der Einzige, der sämtliche Debatten ohne Dolmetscher im Ohr verfolgen konnte. Neben seiner deutschen Muttersprache spricht er fließend Ungarisch, Kroatisch,

Englisch, Französisch, Spanisch, Französisch sowie Latein. Mit einem italienischen Professor, einem Abgeordneten der Grünen, führte er vor einem verdatterten Plenum einmal eine Stegreifdebatte auf Latein, die aber, mangels eines für nicht mehr gebräuchliche Sprachen zuständigen Stenographen, leider nicht protokolliert werden konnte. Die von ihm geführte Paneuropabewegung veranstaltete im August 1989 jenes legendäre Picknick an der österreichisch-ungarischen Grenze bei Sopron, das Hunderte von DDR-Bürgern zum Übertritt in den Westen nutzten und damit die Fluchtwelle lostraten, die in der Folge zum Fall des Eisernen Vorhangs und dem Ende der DDR und der Sowjetunion führte.

Mit diesem Mann reden zu dürfen heißt, Geschichte zu greifen. Sein Debüt auf der öffentlichen Bühne war der Begräbnistrauerzug für den dynastischen Überkaiser Franz Joseph. Es gibt ein Foto, das den vier Jahre alten Otto als winzige Figur in einer weißen Tunika direkt hinter dem riesigen schwarzen Leichenwagen zeigt. Neben ihm seine jungen Eltern: Prinzessin Zita von Bourbon-Parma, eine wandelnde Trauersäule, von Kopf bis Fuß in Schwarz gehüllt, und Karl I., Großneffe und Thronfolger des Kaisers, der glücklose letzte Herrscher der Doppelmonarchie. Die gesamte Wegstrecke vom Stephansdom bis zur Kapuzinergruft war von einer Mauer salutierender Soldaten gesäumt. «Es war, als ob ich zwischen Wolkenkratzern geschritten wäre», sagt Otto von Habsburg heute.

Der Historiker Gordon Brook-Shepherd schreibt in seiner Habsburg-Biographie, dass die Kleiderwahl der Prinzessin Zita für ihren Sohn ein unbewusster Geniestreich gewesen sei: «Als ob sie ihn von der Düsterheit des Tages abheben wollte, hatte

Kratzen am Zuckerguss

sie ihn in eine weiße, knielange Tunika gesteckt, dazu weiße Schuhe und einen weißen Pelzhut ... Ganz gleich, ob seine Mutter die Bekleidung als Symbol der Hoffnung gemeint hatte, jedenfalls empfanden es viele in der Menge als solches.» Der kleine Mann in Weiß wurde inmitten der kollektiven Depression, inmitten des mörderischen Ersten Weltkrieges, zu einem Tupfer Zuversicht.

1918 ging die Monarchie und mit ihr die «alte Weltordnung» unter. Die abgesetzte kaiserliche Familie verbrachte die nächsten Jahrzehnte als zwischen den Großmächten hin und her geschobenes historisches Strandgut. Der erste Zufluchtsort war ein Jagdschloss auf österreichischem Boden, es folgten die Flucht in die Schweiz, das Abgeschobensein auf die portugiesische Insel Madeira (wo Ottos Vater, Kaiser Karl, 1922 starb) und das Exil in Belgien. Als die deutschen Truppen in Belgien einmarschierten, musste die Familie wieder fliehen, denn Otto, der junge Kronprätendent, stand dank seiner «antideutschen» Agitation auf der Fahndungsliste der Gestapo. Erst Bordeaux, dann Lissabon, schließlich wurde die Familie durch die Intervention Präsident Roosevelts mit einem Clipper-Flugboot nach Amerika gebracht, wo Otto, zusammen mit seiner Mutter und drei seiner vier Brüder, die meiste Zeit des Zweiten Weltkriegs verbrachte.

Als er nach dem Krieg wieder europäischen Boden betrat, war er mittel- und staatenlos. In Österreich galten inzwischen die Anti-Habsburg-Gesetze, die Angehörigen seiner Familie den Aufenthalt im Land untersagten. Er begann, sein Brot als Zeitungskolumnist zu verdienen. In einem Lager für ungarische Flüchtlinge in München begegnete er seiner künftigen Frau,

Prinzessin Regina von Sachsen-Meiningen. Er ließ sich mit ihr in Pöcking am Starnberger See nieder. Das Haus konnte er sich dank der Tatsache leisten, dass er bald auf der ganzen Welt als Redner gefragt war.

Seine eigentliche Heimat wurde allerdings das Europaparlament in Straßburg. Eigentlich ein Treppenwitz der Weltgeschichte, dass der Erbe eines elf Nationen umspannenden Reiches Karriere als einfacher Abgeordneter der CSU für den Wahlkreis Oberbayern machte. Die Nostalgiker unter den Monarchisten nahmen ihm sein Dasein als bayerischer Abgeordneter als «unhistorisch» und «bürgerlich» übel, aber der letzte habsburgische Kronprinz schien dem habsburgischen Reich nie eine Träne nachzuweinen und sich mit den neuen, republikanischen Gegebenheiten angefreundet zu haben. Die EWG, die später zur EG wurde und inzwischen Europäische Union heißt, begriff er als Fortsetzung des Vielvölkerstaates mit anderen Mitteln. Sein Lebenstraum, die Integration der östlichen Länder des k. u. k. Reichs in die westeuropäische Staatenfamilie, ist inzwischen weitgehend Realität.

Es gibt kaum einen glaubhafteren Repräsentanten für die Idee Europa als Otto von Habsburg. Doch er ist nicht blauäugig. Er weiß, wie fremd und fern den meisten Europäern die EU ist. Warum wirkt allein das Wort Europa auf die meisten wie eine Schlaftablette? «Schauen Sie», sagt er – er fängt übrigens fast jeden Satz mit «Schauen Sie» an –, «schauen Sie, das europäische Bürokratentum verhindert jede Begeisterung. Das liegt an den Handelnden. Mit Apparatschiks kann man sich eben nicht identifizieren.» Gerade in den osteuropäischen Staaten machen sich ja derzeit ziemliche Ressentiments gegen den Apparat der EU breit. «Schauen Sie, auch das liegt an den handelnden Personen. In Osteuropa hegte man natürlich enormes Misstrauen gegenüber einem Mann wie dem letzten Bundeskanzler Schröder, weil dieser über den Kopf der osteuropäischen Staaten hinweg mit den Russen paktiert hat und inzwischen sogar auf deren Gehaltsliste steht – als Aufsichtsratsvorsitzender der Ostseepipeline-Gesellschaft. Es ist nur zu verständlich, dass so was Misstrauen nährt. Das wird sich jetzt hoffentlich ändern. Frau Merkel hat ein offenes Ohr für die Sorgen der osteuropäischen Staaten.»

Natürlich gibt es Dutzende Themen, über die es sich mit Otto von Habsburg zu reden lohnen würde. Aber es gibt auch genau eine Frage, nämlich jene nach der Aufnahme der Türkei in die EU, für die er qua Geburt der weltweit interessanteste Ansprechpartner ist. Er ist in eine Familie hineingeboren, die jahrhundertelang ein Reich mit verblüffender ethnischer und religiöser Vielfalt regierte, in dem Christen, Muslime und Juden weitgehend gleichberechtigte Bürger waren.

Wie steht er also zu der Frage, ob ein mehrheitlich muslimischer Staat Platz in der Europäischen Union hat? «Schauen Sie, ich glaube, die Türkei würde ihre Mission verfehlen, wenn sie Mitglied der EU werden würde. Grundsätzlich ist gegen die Aufnahme eines muslimischen Lands nichts einzuwenden. Albanien und Bosnien-Herzegowina werden eines Tages in die EU aufgenommen werden, und beide sind mehrheitlich muslimische Staaten. Aber die Türkei hat eine einzigartige Stellung. Die Türkei hat in der muslimischen Welt eine unglaubliche Ausstrahlungskraft. Das hat historische Gründe, denn das Osmanische Reich war einmal die einzige Ordnungsmacht des Orients. Dieses Prestige wirkt bis heute nach. Atatürk hat leider in seiner Trunkenheit sein Möglichstes getan, um die muslimische Tradition dieses Landes auszuradieren, aber es ist ihm nicht gelungen. Die große Chance besteht darin, dass die Türkei eine Brückenfunktion zwischen der christlichen und der muslimischen Welt einnimmt. Und diese Mission kann sie nicht erfüllen, wenn sie sich mit Haut und Haaren der EU ausliefert.»

Und wie beurteilt er das Kräftemessen zwischen kemalistischen und religiösen Kräften in der Türkei? «Der Kemalismus verliert.» Ist das eine bedrohliche Entwicklung? «Absolut nicht. Die muslimische Religion ist Teil der türkischen Identität. Damit die Türkei ihre vorhin skizzierte Rolle wahrnehmen kann, muss sie ihrer Identität treu bleiben.»

Otto von Habsburg hat eine Schwäche für alles Orientalische. Er ist Mitglied der Islamischen Akademie im marokkanischen Rabat und gilt als großer Sympathisant der Mohammedaner. Wenn man versucht, den Grund dafür freizulegen, spricht er zunächst darüber, dass ihm die Religiosität der Araber imponiert. Er schwärmt davon, dass arabische Politiker ihre Reden grundsätzlich mit dem Satz «Im Namen Gottes des Allmächtigen ...» beginnen. Aber nach einer Weile offenbart er, dass dies auch mit sehr persönlicher Sentimentalität zu tun hat. «Schauen Sie, bei alten Leuten spielen ja Kindheitserinnerungen eine große Rolle.» Die da wären?

«Ich erinnere mich mit Wehmut an die Bosniaken an unserem Hof. Das waren unsere Wachsoldaten. Die waren bis zuletzt loyal und treu. Als die anderen davongelaufen sind, sind sie geblieben. In Schönbrunn im November 1918 sind die soge-

Kratzen am Zuckerguss

nannten Garden davongelaufen. Es hat einen Prinzen Zdenko Lobkowicz gegeben, der war Adjutant meines Vaters. Der ist auch davongelaufen. Die Bosniaken sind geblieben. Das sind solche Sachen, die einem Menschen in Erinnerung bleiben.»

Die Erinnerung, die mir von meinem Gespräch mit Otto von Habsburg bleiben wird, ist vergleichbar mit dem Gefühl, das man nach der Besichtigung eines faszinierenden Monuments empfindet. Wenn dieser Artikel erscheint, wird der alte, aber keineswegs greise Herr sich irgendwo in Galizien aufhalten, in den Tiefen des alten k. u. k. Reichs. Er hat unser Gespräch, da bin ich sicher, mittlerweile längst vergessen. Mit dem Adel kann er ohnehin nichts anfangen. Auch das liegt an Kindheitserinnerungen. Zu präsent ist die Enttäuschung seines Vaters, als sich im November 1918 kein einziger Vertreter jener Häuser, die sich jahrhundertelang am Hermelin der kaiserlichen Familie wärmten, zur Verteidigung der Kaiserfamilie nach Schönbrunn aufmachte.

«Es war schön, Sie zu treffen», sagt er zum Abschied. Nur Kaiserliche Hoheiten können so formvollendet schwindeln.

Die Berliner Gesellschaft

Das Bemühen um ein schönes Sein

Von Cocktails und Currywürsten

Warum es aussichtslos ist, die Regeln der Hauptstadtgesellschaft ergründen zu wollen

Bitte verstehen Sie mich nicht falsch. Ich mag Berlin. Das unter Feuilletonisten beliebte Herumgenörgele an der Hauptstadt ist nicht mein Ding. Aber mit der diffusen Kleiderordnung der Berliner Gesellschaft führe ich einen einsamen, völlig hoffnungslosen Kampf.

Neulich war ich zu einem Festkonzert anlässlich des sechzigjährigen Jubiläums des Deutschen Symphonie Orchesters (DSO) mit anschließendem Galadinner eingeladen. Der Bundespräsident und seine Gattin waren als Ehrengäste angekündigt. Auf der Einladung stand: «Festliche Abendgarderobe». In jeder anderen Stadt bedeutet das vollkommen unmissverständlich: Smoking für den Herren, Abendkleid für die Dame. In Berlin heißt «Festliche Abendgarderobe» erfahrungsgemäß, dass sich die Gastgeber wünschen, dass man nicht im Jogginganzug erscheint. Ich kam also im dunklen Anzug – und war prompt underdressed. Der Bundespräsident trug Smoking. Ebenso wie die meisten anderen Gäste. Ein klassischer Fauxpas.

Vor ein paar Tagen nun hatte der Vorstandsvorsitzende der Axel Springer AG, Mathias Döpfner, zu einem festlichen Dinner anlässlich des 88. Geburtstags des berühmten Salonlöwen und

Buchverlegers Lord George Weidenfeld im obersten Stockwerk des Verlagsgebäudes an der Kochstraße geladen. Unter den Gästen waren der Altbundeskanzler Helmut Kohl, die amtierende Bundeskanzlerin Angela Merkel, Innenminister Wolfgang Schäuble oder der große Dirigent Daniel Barenboim. Bei der Wahl meiner Garderobe zögerte ich diesmal keine Sekunde. Eine Geburtstagsfeier für einen Londoner Grandseigneur. In kleinem Kreis. Also Smoking. Der ist ja gewissermaßen eine standardisierte Uniform, die Festlichkeit mit Privatheit versöhnt. Als ich in den holzgetäfelten Repräsentationsräumen des Springer-Verlags erschien, musste ich gepeint feststellen, dass ich der Einzige im Smoking war. Es ist seltsamerweise sehr viel unangenehmer, over- als underdressed zu sein. Wer underdressed ist, der strahlt immerhin eine leicht überhebliche Lässigkeit aus. Overdressed wirkt man einfach nur albern und deplatziert. Ich zog mich in die hinterste Ecke des Raumes zurück, bat Karsten, den legendären Chefbutler des Springer-Verlags, um eine Zigarette, um meine Nervosität zu unterdrücken, und beobachtete aus sicherer Distanz, wie Helmut Kohl und Angela Merkel es mühelos fertigbrachten, sich in einem relativ kleinen Raum aus dem Weg zu gehen.

Eine Fußnote zum Thema Rauchen: Ich war der Einzige der etwa achtzig Gäste, der rauchte. Immer mehr wird die Raucher/Nichtraucher-Frage zum Klassenmerkmal. Ich selbst rauche selten, und wenn, dann in Gesellschaft. Aber wenn ich mir in Gesellschaft eine Zigarette besorgen will, dann ist die einzige Quelle dafür das Küchenpersonal. Die arbeitende Klasse raucht noch, die Oberklasse nicht mehr. Nachdem ich mich also gesellschaftlich unmöglich gemacht hatte – rauchen und dann auch noch im Smoking in der Ecke stehen und mit dem Personal fraternisieren –, verließ ich die erlauchte Gesellschaft exakt in dem Moment, als zu Tisch gebeten wurde. Der Ehrlichkeit halber muss ich nämlich zu Protokoll geben, dass ich gar nicht zum Abendessen, sondern nur zum Cocktail vor dem Essen geladen war. George Weidenfeld, der seit Jahrzehnten ein Freund meiner Familie ist, hatte mich ein paar Tage zuvor angerufen, um zu sagen, dass er in die Stadt komme, mich gern sehen und mir von dem Abendessen im Springer-Verlag erzählen wolle. Mit einer für mich eigentlich ungewöhnlichen Chuzpe hatte ich im Büro des Springer-Vorstands darum gebeten, wenigstens zum Cocktail kommen zu dürfen, um George meine Aufwartung zu machen.

Als sich die Gäste zum Essen begaben, machte ich mich also in Richtung meiner bevorzugten Imbissbude auf, am Bahnhof Friedrichstraße, um dort Currywurst mit Pommes zu essen. Interessanterweise zog ich dort in meinem Smoking keine scheelen Blicke auf mich. Das ist das Verwirrende an dieser Stadt: Bei einer Dinnerparty kann es einem geschehen, dass man im Smoking deplatziert wirkt, in der Currywurstbude ist er völlig akzeptiert. Ich kapituliere.

Schloss Mallevue

Warum der Sitz des Bundespräsidenten zu Berlin passt

Wie traurig es um das deutsche Staatsverständnis bestellt ist, wird offenbar, wenn man Horst Köhler zuhört, wie er von seinem Amtssitz schwärmt. Schloss Bellevue wurde nach aufwendigen Renovierungsarbeiten, die vor allem die marode Haustechnik auf den neuesten Stand brachten, im Januar wieder an den Bundespräsidenten übergeben. Köhler nutzte die Gelegenheit, um über die Vorzüge von Schloss Bellevue zu philosophieren. Das Schöne an seinem Amtssitz sei, dass er «repräsentativ und dennoch bescheiden» ist. Die Betonung liegt dabei natürlich auf «bescheiden». Das ist Schloss Bellevue tatsächlich.

Wer ein Gefühl für das Stilempfinden der deutschen Bundesbaubürokratie bekommen will, für den gibt es kein besseres Studienobjekt als Schloss Bellevue. Betritt man es, steht man im «Saal Null». Das sagt eigentlich schon alles über den repräsentativen Stil der Bundesrepublik aus. In den Salons, phantasievoll durchnummeriert von Salon I bis Salon IV, wirken die Möbel nicht nur abgezählt, was die Räume kahl und uneingerichtet wirken lässt – sie sind tatsächlich abgezählt. Nach streng bürokratischer Regie, verantwortet von Beamten, deren Vorstellung von Eleganz an den Allianz-Filialen durchschnittlicher deutscher Kleinstädte geschult sein muss. Kleine Zettel mit gewissenhaft aufgelisteten Nummern kleben unter jedem Möbelstück.

Richard von Weizsäcker hatte nach der Wende die Idee ins Spiel gebracht, eines der schönsten Gebäude Berlins, das Kronprinzenpalais Unter den Linden, zum Sitz des Bundespräsidenten zu machen. Es liegt in der Logik des deutschen Staatsverständnisses, dass dies verworfen wurde. Aus sicherheitstechnischen Gründen, aber auch, um jeden Anschein von Pomp zu meiden. Schloss Bellevue passt zum deutschen Bürgerpräsidententum einfach besser.

Ursprünglich war Bellevue ein etwas vernachlässigtes Landschlösschen, auf dem nachgeborene Hohenzollern ihre üppig vorhandene Zeit totschlugen. Nach 1918 stand es lange leer, 1935 wurde dort das Staatliche Museum für Deutsche Volkskunde untergebracht, drei Jahre später ließ Hitler es zum Reichsgästehaus aufmöbeln. Die Nazis waren es auch, die Bellevue das heutige Erscheinungsbild verpassten, indem sie in die Mitte des Baus die klassizistisch-tempelartige Freitreppe hineinklatschten. Die Periode 1933–1945, die in den bisherigen Chroniken des Hauses geflissentlich unter den Tisch gekehrt wurde, ist nun dank eines Buches des Berliner Kunsthistorikers Ernst Busche recht lückenlos dokumentiert. Betrachtet man die Bilder von der Inneneinrichtung dieser Zeit, fällt auf, wie überraschend wohnlich das Reichsgästehaus eingerichtet war. Dazu wurden Möbel aus süddeutschen Schlössern konfisziert. 1945 wurde all dies gründlich zerbombt. Die Nachkriegsgeneration tat ihr Möglichstes, um sich von der Opulenz jener Zeit zu distanzieren.

Unter Heinrich Lübke erhielt Bellevue jenen unverwechselbaren Abteilungsleitercharme, den es bis heute hat, obwohl Richard von Weizsäcker in seiner Amtszeit bemüht war, Bellevue ein wenig aufzuwerten. Er ließ seine Beamten in ganz Deutschland nach stilvollen Möbeln in Staatsbesitz fahnden, die sich bei dieser Suche naturgemäß schwertaten. Erst das ehemals kurfürstlich hessische Schlossmuseum Wilhelmshöhe in Kassel erbarmte sich, stellte dem Bundespräsidenten aber nicht etwa die besten Möbel des Hauses zur Verfügung, sondern schickte jenes Mobiliar, das sich in dessen Fundus befand und für das man keine bessere Verwendung fand. Diese Möbel stehen dort bis heute.

Selbst Johannes Rau fühlte sich so unwohl in den kahlen Räumen, dass er mit seiner Familie lieber in einer gemütlichen Villa in einem der besseren Bezirke Berlins wohnte und nur zur repräsentativen Arbeit ins Schloss fuhr. Dort sorgte wenigstens Schlosshund Scooter, treuer Freund von First Lady Christina Rau, für einige unterhaltsame, nun ja, Höhepunkte. Während eines Fotoshootings im Arm von Frauchen bekam Scooter eine passable Erektion, was weder dem Fotografen noch Frauchen auffiel. Nur der Presse-Anstandswauwau hatte etwas bemerkt, wollte das Shooting aber nicht peinlich unterbrechen. Später rief er deshalb in der Redaktion einer Berliner Lokalzeitung an, um sich zu vergewissern, dass man «dieses Dings da» elektronisch entfernt habe. Spaßfreie Räume schaffen eben spaßfreie Menschen.

Der Architekturkritiker der *FAZ*, Heinrich Wefing, beschrieb die Inneneinrichtung von Bellevue neulich so: «Dort wird ein modern nachempfundener, gleichsam synthetischer,

jedenfalls historisch dekontaminierter Klassizismus gepflegt.»
Das lieben wir an der *FAZ*. Dass sie «hässlich» und «unwohn-
lich» so hübsch umschreiben kann.

Leichtes Spiel

Warum Berlin ein Paradies für Hochstapler ist

Eines der drängendsten Probleme Berlins ist, dass es hier nicht genügend reiche Leute gibt. Das macht das Leben für Verarmende besonders erträglich. In jeder Seitengasse Bielefelds leben mehr Millionäre als im Großraum Berlin. Zwar gibt es hier inzwischen mehr Luxusrestaurants als sonstwo in Deutschland, doch die meisten sind leer und wirken wie Abschreibungsobjekte. Um die Sehnsucht nach Glamour zu stillen, muss also nachgeholfen werden.

Da gibt es zum Beispiel demnächst wieder den «Zarenball», für den sich die Currywurstbudenbesitzer der Stadt verkleiden und einen Abend lang das süße Leben simulieren. Um dem Ganzen den Anschein des Authentischen zu geben, haben die Veranstalter bei der örtlichen Presse durchsickern lassen, dass «drei russische Oligarchen» zugesagt hätten. Da die wenigsten wissen, wie ein russischer Milliardär aussieht, ist nichts leichter als drei Taxifahrer russischer Abstammung für den Abend anzuheuern, sie in ein Kostüm zu stecken, ein paar Leibwächter darum zu drapieren und die Taxifahrer zu bitten, wenig zu sagen und grimmig zu schauen. Der Abend wird sicher ein Erfolg.

Das Berliner Gesellschaftsspiel

Nirgendwo wird so viel gefeiert wie in Berlin. Wieso eigentlich?

Derzeit hat Berlins neue Gesellschaft ein besonders hübsches Klatschthema. Es dreht sich, natürlich, um eine schöne Frau: Shawne Fielding, Gattin des Schweizer Botschafters, ist so jung und *fun-loving*, wie man in ihrer Heimat Texas sagt, dass ihr andere Botschaftergattinnen meist mit Missgunst begegnen. Wenn die 30-Jährige einen Raum betritt, dreht sich jeder nach ihr um, ist sie außer Reichweite, wird genussvoll erzählt, dass sie vor ihrer Eheschließung «Miss Texas» war, und neidisch erwähnt, dass sie bald in einem Robert-Altman-Film neben Richard Gere zu sehen sein wird. Als Society-Friseur Udo Walz zur «Halloween-Party» einlud, wollte sich Shawne Fielding eigentlich als Leder-Domina verkleiden, entschied sich aber um und kam als Fee. Ihr Mann, der Schweizer Botschafter, erschien dafür im Ballettkostüm – als «Herbst».

Berlin erinnert dieser Tage an wilde, vergangen geglaubte Tage. Im engsten Kreis um Wilhelm II. gab es einst den General Hülsen-Haeseler, Chef des Preußischen Militärkabinetts, der bekannt dafür war, dass er bei Maskenbällen gern im Ballettröckchen erschien. Es war die Zeit, als man in Berlin – wenn man zu den oberen Zehntausend gehörte – aus Frack oder Abendkleid nicht herauskam. Heute ist es wieder so.

Kaum ein Abend ohne Fete, Cocktail, Vernissage, Dinner. Beliebt: Party-Hopping – nach dem Konzert in der Philharmonie zum Spät-Snack in eine Botschaft, auf einen Sprung zu einer der vielen Wir-sind-da-Feiereien von Zeitungsverlagen und Konzernen. Spät nachts in ein Penthouse hoch überm Potsdamer Platz, in dem jede Nacht die Türe offen steht (für jene, die die Zahlenkombination am Eingang kennen). In diesen Tagen dann der geballte Party-Stress: Bundespresseball, die «Aids Gala», der Berliner Opernball und, zum ersten Mal in Berlin, die «Bambi»-Verleihung im «Stella»-Musicaltheater am Potsdamer Platz.

Deutschlands Hauptstadt hat München, Düsseldorf und Hamburg das Parkett unter den Füßen entzogen. Und in Berlin selbst fordern die neuen Regeln des Gesellschaftsspiels erste Opfer. Die meisten, die vorm 9. November 1989 auf Berlins (unpoliertem) Parkett dominierten, sind mit der Ankunft der neuen Berliner Gesellschaft in die Obskurität verdrängt worden. Seit zehn Jahren kontinuierlich, seit diesem Jahr drastisch.

Die Alt-Westberliner Oberklasse, fest verankert in Grunewald und in Straßen, die nach Goethe, Schiller und Mommsen benannt sind, ist von Panik ergriffen. Denn, wie Antje, die Klatschtante des Stadtmagazins *Tip*, bemerkt hat: «Nur noch mit Ellbogeneinsatz kann sich Berlins Lokalprominenz derzeit einen Platz neben den neuen Platzhirschen sichern.» Zuletzt wurde sie aus einem In-Italiener rausgeschmissen, nachdem sie versucht hatte, sich beim Après-Diner einer Galerie-Eröffnung mit an den Tisch zu setzen. Früher hatte man sie hofiert – vom Florians bis zur Paris Bar.

Die Berliner Gesellschaft

Das Restaurant an der Kantstraße ist eine der letzten Bastionen der Ur-Berliner-Society. Hier sitzt der alte «Neue Wilde»-Maler Salomé und verspeist die Geldscheine von B. Z.-Chefredakteur Franz Josef Wagner (Anzahlungen für ein Auftragsbild) aus Frust, dass die ganze Berlin-Euphorie an ihm vorbeigeht. An der Bar steht meist Schauspieler-Legende Otto Sander und schaut sich das rasend mutierende Berlin besoffen an. Sander ist eines der Symbole der Vor-Wende-Zeit, die, wie Udo Walz und die Paris Bar, den Sprung ins neue Berlin überlebt haben. Hier sitzen Neu- und Alt-Berlin Tisch an Tisch, während draußen vor der Tür Harald Juhnkes Sohn Oliver mit seinem S-Klasse-Mercedes den Boulevard auf und ab fährt, im Fond fünf johlende Freunde, in dem verzweifelten Versuch, auf sich aufmerksam zu machen.

Während die Alt-Berliner sich noch an ihren Tischen festkrallen, sind die Organisatoren des neuen Gesellschaftslebens unermüdlich auf der Suche nach immer ausgefalleneren «Locations», um die begehrten Gäste anzulocken: ein ehemaliger unterirdischer Tresorraum einer Bank für eine Buchpräsentation, ein gotisches Kirchenschiff für die Premierenparty eines Kinofilms, ein altes Fabrikgebäude für das Fest einer Wochenzeitung. Jede Galerie, jeder Konzern, der etwas auf sich hält, versucht mit angemessenem Pomp seinen Einstand zu feiern – auch wenn er nur eine Filiale eröffnet. Nur keiner weiß schon so recht, was angemessen heißt.

In all der Party-Euphorie sehnt sich Bundeskanzler Schröder nach einem repräsentativen Gebäude, in dem es auch Platz für einen eleganten Festsaal gibt: Wenn er schon nicht das Hohenzollernsche Stadtschloss wieder aufbauen kann, so

will er doch zumindest eine Plastikfassaden-Kopie der Front-
ansicht vor den Palast der Republik stellen. Zu den Freunden
des Bundeskanzlers gehört Lebenskunst-Papst Hardy Rodenstock, der nicht nur die eine oder andere Flasche Château
Haut Brion mit ihm teilt und ihm seine selbst entwickelten
Zigarren schenkt, sondern der ihm auch gelegentlich Lifestyle-
Tipps gibt.

Schröder gehört zu denen, die dazu neigen, den wilhelminischen Protz zu verklären, der schon damals kompensieren
sollte, dass Berlin die künstliche Hauptstadt eines gerade
zusammengefügten Reichs war. Vom Hoppegarten (einst
Deutschlands schönste Galopprennbahn) über die Fuchsjagd
am Scharmützelsee bis in feine sozialdemokratische Zirkel (wie
den «Politischen Salon» um Walter und Anne Momper) – die
Sehnsucht nach altem, wilhelminischen Glanz ist mit Händen
zu greifen. Vom 20. November an wird endlich die Hohen-
zollern-Gruft in den Gewölben des Berliner Doms öffentlich
zugänglich sein. Die Stadt erhofft sich, einen der Kapuzinergruft in Wien ähnlichen Touristen-Anziehungspunkt geschaffen zu haben. Dass hier erst seit 1905 die Gebeine der wenigen
Kaiser des kurzlebigen «Deutschen Reichs» ruhen, tut der Vor-
freude keinen Abbruch.

Andere beschwören lieber die wilden zwanziger Jahre. Einer
der vielen Salons, die an die Tradition dieser Zeit anknüpfen
sollen, ist der Salon Berliner Mitte, zu dem die Wohltätigkeits-
Lady Ulla Klingbeil und die TV-Moderatorin Lea Rosh einladen
(stets am letzten Montag des Monats). Neulich kam Ex-Mer-
cedes-Chef Edzard Reuter, nostalgierte über das «schöne alte»
Berlin und bemühte sich zu betonen, als Sozialdemokrat nicht

zur Society zu gehören und noch nie einen Frack getragen zu haben. Es war derselbe Abend, an dem sich der Schriftsteller Rolf Hochhuth als Monarchist outete und, ein Glas Sekt in der Rechten, argumentierte: «Wenn ich Herrn Diepgen sehe, wie ihm die weißen Mäuse vorausfahren, oder einen Herrn Thierse, der mit Bodyguards zum ZDF-Fest geht, finde ich unsere politische Klasse lächerlich. Da lob ich mir einen Wilhelm I., der darauf bestand, dass seine Leibwache 500 Schritt entfernt blieb, wenn er mit seiner Geliebten Spaziergänge machte.» Einem solchen Spaziergang verdanken wir übrigens die Zeugung Harry Graf Keßlers und damit seine wunderbaren Tagebücher über das Berlin der zwanziger Jahre.

In seinen Tagebüchern beklagte Graf Keßler schon damals die fehlende Eleganz der Berliner Salons. Besonders in der Gesprächskultur beschrieb Keßler ein Phänomen, das vor ihm schon Fontane «Sprechanismus» genannt hatte und das heute nach wie vor diese Stadt prägt. In Keßlers Tagebucheintrag vom Montag, 1. Februar 1926, heißt es: «In Paris (bewegt) man sich von Salon zu Salon, in Berlin komme ich mir immer vor, als ob ich von einer Volksversammlung in die andere gehe (...) alles schrie und wollte recht haben, ohne Grazie oder Esprit. Kein geprägtes Wort, kein scharfer Pfeil, lauter laute Meinungen.»

Was also alle verkennen, die jetzt die Gründerzeit oder die wilden Zwanziger herbeireden wollen: Nostalgie ist in Berlin fehl am Platz. Die Dynamik Berlins beruht essenziell auf seiner relativen Geschichtslosigkeit. In Berlin sind nie festgefahrene Strukturen entstanden, es war immer eine Stadt, in der jeder stets bei null anfing. In seinen Glanzzeiten, und heute wieder, war Berlin eine gesellschaftliche Tabula rasa, ein Ort, in dem man es vor allem als Parvenü (im besten Sinne von Aufsteiger) weit bringen konnte. Diese Tabula-rasa-Stimmung ist deutlich sichtbar, wenn man eines der neuen schnieken, im New Yorker Stil gestalteten Restaurants betritt, deren Namen immer kürzer werden: das Vau, das Vox oder das Guy. Da hier alles neu ist, gibt es noch keine Routine, noch keine Gesetze und Rituale. Viele, ob Personal oder Gäste, reagieren verunsichert, überkandidelt, andere nutzen das Ritual-Vakuum, um sich eigene Gesetze zu schaffen. Im Guy könnte man ohne weiteres seine Füße auf den Tisch tun und würde, wenn die Schuhe teuer genug und gut geputzt sind, damit durchkommen – solange man dies nur mit genug Selbstbewusstsein tut. Der Ober kann sich durchaus in ein Gespräch einmischen, solange er dies originell macht. Undenkbar in Wien, Paris oder London, am ehesten vergleichbar mit New York.

Das Tabula-rasa-anything-goes-Gefühl wird vorgelebt von den unterschiedlichsten Typen, den Tausenden Zuzüglern aus Dienstleistungs- und Kreativberufen. Originalen wie Laura Mérrit, deren Version von Berliner Salon «Fuckerware Partys» sind («Fete, auf der Sex-Spielzeuge wie Tupperware demonstriert und ausprobiert werden können»), und Leuten wie Beate Wedekind. Einst Blattmacherin von Hochglanzmagazinen, wurde sie bekennende Aussteigerin und lebte auf Ibiza. Heute nennt sie sich «Networkerin», hat es sich zur Aufgabe gemacht, begabte Menschen mit denen an den Hebeln der Macht bekannt zu machen, ist in eine Wohnung in den Hackeschen Höfen, dem SoHo Berlins, gezogen und betreibt – «mal so für ein halbes Jahr» – eine Kunstgalerie in der nahen

Oranienburger Straße. Bis ihr eine neue Idee kommt und sie wieder «was ganz anderes» macht.

Oder Peter Dussmann. Der Betreiber von Putzkolonnen stieg damit in München zu Europas größtem Dienstleister auf, zog dann nach Berlin um, in ein aufwendig renoviertes Schlösschen am Zeuthener See, Parkettböden und Wandmalereien, vergoldeter Stuck. Vor nahezu hundert Jahren von einem Berliner Warenhaus-König erbaut, später Gästehaus von Stasi-Chef Mielke. Jetzt lebt und herrscht hier Dussmann, der sich in Berlin als Kulturmagnat relauncht hat und das «Kultur-Kaufhaus» gründete. Von seinem Büro aus, den See überblickend, von dem aus eine Wasserfontäne in die Luft steigt, während zwei Pfauen über das gepflegte Grün stolzieren, dirigiert er noch immer seine Putzkolonnen, die auch die Moskauer Bahnhöfe und das Kongresszentrum in Hongkong reinigen, doch in Berlin ist er nur der «Kultur-Dussmann». Bei ihm gibt es alles, was der Unterhaltung und Bildung dient, seine amerikanische Frau Katherine hat ihren Mädchennamen behalten, nennt sich «von Fürstenberg-Dussmann», verkehrt in kulturschaffenden Kreisen und trägt am liebsten Cremefarben.

Vergangenes zählt in Berlin eben nicht, was auch an der Gleichgültigkeit gegenüber «alten Namen» abzulesen ist. Wer in Wien beachtet wird, weil er Habsburg, Schwarzenberg oder Metternich heißt, hat es hier als Hohenzollern, Hardenberg oder Moltke ungleich schwerer. Die Partyorganisatorin Gräfin Isa Hardenberg trägt einen Namen, der nach Geschichte klingt, heute aber nicht mehr viel zählt. Wenn man hier einen Taxifahrer nach Hardenberg fragt, witzelt er höchstens: «Der Erfinder der gleichnamigen Straße?»

Gräfin Hardenbergs Kapital sind nicht ihre Vorfahren, sondern 17 000 Adressen, angeblich aufgeteilt in Kategorien von A (die Allerwichtigsten) bis F (gutes Füllmaterial) und wieder unterteilt in Kultur, Politik, Wirtschaft, Nachwuchs und so weiter, ideal für gezielte Rasterfahndungen, um Gäste für Events zu finden. Zu ihren Tricks gehört es, als Hostessen für die von ihr arrangierten Veranstaltungen grundsätzlich hübsche Töchter aus höherem Hause zu rekrutieren. Oft sehen dann die Bedienungen besser aus als die Gäste.

Die Gräfin empfängt im Bovril, einem quintessenziell Westberliner Top-Restaurant am Ku'damm. Zwei Tische weiter sitzt Rotlicht-Größe Kalle (»Negerkalle«) Schwensen, der in Berlin nach neuen Betätigungsfeldern sucht. In der anderen Ecke, etwas verängstigt, Ex-CDU-Senator Peter Radunski, der ebenfalls an seiner zweiten Karriere feilt. Ein Herr mit Fliege grüßt die Gräfin: «Guten Tag, Frau Hardenberg.» In Wien hätte man gesagt: «Habe die Ehre, Frau Gräfin», in München «Grüß Gott. Gräfin». Hier sagt man nur «Frau Hardenberg», und wenn die Berliner besonders korrekt sein wollen, fügen sie noch ein «von» ein. «Adel zählt hier nicht», meint auch Gräfin Hardenberg.

Was war für sie das sichtbare Zeichen der Glamourisierung Berlins? «Die Kleidung! Ich habe die Premiere des Musicals ‹Der Glöckner von Notre Dame› ausgerichtet. Eingeladen waren über 2000, viele sogenannte normale Bürger. Auf der Einladung stand ‹Smoking›. Und tatsächlich kamen zwei Drittel im Smoking.» Noch vor zwei, drei Jahren wären die meisten im zwackenden Sonntagsanzug gekommen, weiße Socken, braune Schuhe.

Die Berliner Gesellschaft

Jahrelang war Gräfin Hardenberg unbestrittene Party-organisations-Monopolistin. Jetzt drängt Konkurrenz auf den Markt. Die in Deutschland führende Partyagentur Schoeller & von Rehlingen hat gerade eine Dependance in Berlin eröffnet. Der größte Ball der Stadt, die «Operngala für die Aids-Stiftung» am letzten November-Wochenende, wurde bislang von Gräfin Hardenberg organisiert, seit vorigem Jahr hat Schoeller & von Rehlingen den Auftrag. Ihr erster Coup war, Caroline von Monaco und Ernst August von Hannover sowie das Ehepaar Schröder zur Teilnahme zu überreden. Diesmal hat Schröder bereits abgewunken und als Ersatz für Caroline und Ernst August ist höchstens Joschka Fischer in Sicht.

Händeringend, und unter dem Einsatz intensiven Lobbyings, bemüht man sich seit Wochen um ihn und seine Frau Nicola. In die VIP-Räume in der Deutschen Oper, wurde ihnen versichert, kommen außer 150 persönlichen Gästen keine normalen Ballgäste. Die «Aids Gala» am 27. November findet in der Tradition des Berliner Opernballs statt, der ein Volksball war. Das heißt, jeder kann kommen, ob Bauer oder Edelmann, aber die zahlende Masse und die Herrschaften in den Logen feiern, bis auf einzelne Überläufer, getrennt.

Die Gastgeber eines solchen Events greifen für das Engagement professioneller Partyausrichter tief in die Tasche, achten peinlich genau darauf, am nächsten Tag neben ihren Star-Gästen selbst in der Zeitung zu stehen, und reagieren pikiert, wenn Hardenberg, Rehlingen und Co. im Vordergrund stehen. Die Kosten einer größeren Boutiquen-Eröffnung liegen bereits bei bis zu 300 000 Mark, die Ausrichtung eines Balls in der Größenordnung der «Aids Gala», mit 1500 Gästen, ist ein Millionenprojekt, doch die Organisatoren sind keineswegs Society-Dirigenten, sondern Dienstleister in einer boomenden Branche.

Die Lifestyle-Lokomotiven dieser Stadt sind Unternehmer wie Edgar van Ommen, Chef von Sony Berlin, der nächstes Jahr im Juli die weltweit erste Unternehmenszentrale als «Erlebniswelt», also öffentlich zugänglich, am Potsdamer Platz eröffnen wird (mit einer dreitägigen Party, organisiert von Beate Wedekind). Und Anne Maria Jagdfeld. Laut *B.Z.* ist sie die reichste Frau der Stadt. Sie ist halb Jüdin, halb Aristokratin, eine elegante Erscheinung mit leicht rheinisch-singendem Ton in der Stimme. Ihrem Mann, Anno August Jagdfeld, und ihr wird vorgeworfen, Berlins Pendant zum Ehepaar Trump zu sein, sich mit protzigen Bauprojekten überhoben zu haben. Von «Kapitalvernichtung» ist die Rede und einer so hohen Fremdfinanzierung (sprich: Verschuldung), die es den Banken nicht erlaube, sie fallenzulassen. Sie haben das Adlon gebaut, das Luxuskaufhaus Quartier 206, das Seebad Heiligendamm. Berlins mondäne Gesellschaft wird sie eines Tages zu Schutzheiligen erklären: Ohne das (vom Star-Architekten I. M. Pei) gebaute Kaufhaus Quartier 206 wäre die berühmte Friedrichstraße heute als Einkaufsmeile nicht viel interessanter als die Fußgängerzone von Ulm.

Als Anne Maria Jagdfeld keine Mieter für die teuren Läden ihres Quartier 206 fand, übernahm sie kurzerhand selbst das Franchise von Luxusunternehmen, die sie in der Stadt haben wollte. Sie brachte Donna Karan, Voyage, Etro nach Berlin, kreierte (nach dem Erfolg von Shanghai Tang in New York) ihre eigene asiatische Designer-Marke «Out of Asia», eröff-

Die Berliner Gesellschaft

nete einen asiatischen Inneneinrichtungs-Floor. Ihren Angestellten steht Panik ins Gesicht geschrieben, weil morgen eine
Lieferung von 17 000 Einzelteilen eintreffen soll. Frau Jagdfeld
beschwichtigt: «Regt euch nicht auf, darunter sind 4000 Chop-
sticks!» Vor einem Jahr atmete das Quartier 206 gähnende
Leere. Auch heute übersteigt das Angebot noch die Nachfrage.
«Aber», sagt Frau Jagdfeld, «nur wer Visionen hat, kann etwas
bewegen, und das Baugeschäft ist von Natur aus eine Investi-
tion in die Zukunft.»

Ihr nächstes Projekt: das Tacheles, seit der Wende Spiel-
wiese und Bastion der Subkultur, ein Ort, zu dem Neu-Berliner
pilgern, um zu besichtigen, wie junge Leute kiffen, malen und
Theater machen. Spätestens in drei Jahren will Frau Jagdfeld
das Tacheles in ein weltweit einmaliges Luxus-Mekka verwan-
deln, die Reste von Berlins alternativer Szene und die *taz* stehen bereit, dies notfalls mit Straßenschlachten zu verhindern.
Frau Jagdfeld: «Ein Feinkostladen wie Dean & Deluca in SoHo
soll her, ein Hotel wie das Mercer, Marktstände, spektakuläre
Architektur. Mein Lieblingsarchitekt ist Calvin Tsao. Vielleicht
kriegt auch Philippe Starck den Auftrag, ein Gebäude zu entwerfen.» Was sagt sie zu dem Vorwurf, sie verbrenne mit ihren
Projekten Geld und plane meilenweit an den Bedürfnissen der
Menschen vorbei? «Wie man in arabischen Ländern so schön
sagt: Man schmeißt nicht mit Steinen auf Bäume, die keine
Früchte tragen.» Was vermisst sie an Berlin? «Eine gewisse
Nonchalance der Einladungen. Immer muss alles einen Anlass
haben, es gibt so wenige Salons einfach so, zum Abendessen.
Wie einst bei Ignatz Bubis in Frankfurt zum Beispiel.»

Wer es auf verblüffend ungezwungene Art schafft, Menschen in dieser Stadt zusammenzubringen, ist der Friseur Udo Walz. Als die große Verlegerinnen-Legende Katherine Graham (*Washington Post*) nach Berlin kam, ließ sie sich von Udo Walz die Stadt zeigen, im Borchardt wusste niemand, wer «die ältere Dame an Udos Seite» war. Wenn der ehemalige US-Botschafter Richard Burt oder seine Frau, die Reagan-Freundin Gahl Burt, in die Stadt kommen, kümmert sich Udo Walz um sie, bringt sie im eleganten Understatement-Hotel «Savoy» unter.

Udo Walz hat nicht die Verpflichtung, über die Kunst der allergeistreichsten Konversation zu verfügen, sein Englisch ist holprig, und doch laufen alle Fäden bei ihm zusammen. Wenn er zum Abendessen in seine Wohnung in der Fasanenstraße einlädt, verfolgt er keinen ausgeklügelten Plan und erreicht damit genau jene Nonchalance, die vielen in Berlin noch fehlt. Da trifft dann zum Beispiel der Chef der *B.Z.*, Franz Josef Wagner, auf Dietrich Garski (Bauunternehmer und Sanierer von Potsdam). Garski verursachte durch einen Bauskandal einst den Rücktritt des SPD-FDP-Senats unter Stobbe, wurde verurteilt, wegen guter Führung entlassen, darf seit 22 Jahren nicht mehr als den Sozialhilfesatz verdienen, verfügt über kein eigenes Konto, aber lässt sich im gepanzerten Mercedes zu seinen Terminen kutschieren, und am Wochenende wartet ein Privatjet in Tegel, um ihn nach Spanien zu seiner Villa zu fliegen.

Bei so einem Essen in der Fasanenstraße wagt es der Gastgeber sogar, dem Klaus Kinski des deutschen Journalismus, Franz Josef Wagner, über den Mund zu fahren. Nur bei Inge Meysel tut sich Walz etwas schwerer, wie folgende kleine Begebenheit zeigt: Es ist nach 23 Uhr, im Restaurant Guy. Eine Mutter kommt mit ihrem kleinen Kind am Tisch vorbei. Inge

Die Berliner Gesellschaft

Meysel, die es sehr genießt, sich zu erregen, zu Udo Walz: «Das ist unerhört. In dem Alter gehört man längst ins Bett.» Udo Walz: «Bitte, Inge, mach jetzt keine Szene.» Als die Mutter abermals am Tisch vorbeikommt, fragt die Meysel zuckersüß: «Ach, wie alt ist er denn, der Kleine?» – «Dreieinhalb», gibt die Mama stolz Auskunft. Meysel: «Dreieinhalb? Sie möchte ich nicht als Mutter haben!» Die sich rasch entfernende Mutter: «Und er Sie nicht als Großmutter!»

Walz ist wahrscheinlich der einzige Alt-Berliner, der es schafft, zu jeder wichtigen Einladung der Stadt geladen zu sein, auch in die Botschaftsresidenzen, die das am schwierigsten zu erklimmende Parkett der Stadt sind. Vor kurzem gaben die Kornblums, US-Botschafter John und Frau Helen, einen kleinen Empfang für den Dandy-Schriftsteller Tom Wolfe. Der Berliner Grandseigneur und Wilhelm-II.-Biograf Nikolaus Sombart wundert sich über die Gästeauswahl: «Warum sind wir hier? Warum sind Sie eingeladen und ich und nicht zwei ganz andere?» Eingeladen war zum Beispiel Kultur-Staatsminister Michael Naumann und der Berliner Erfolgsautor Bernhard Schlink (*Der Vorleser*), aber kein Diepgen, kein Ex-Kultursenator Radunski, überhaupt kaum Berliner.

Es gibt noch eine Figur, die prädestiniert wäre, überall aufzutauchen. Michael Graeter. Die Klatschreporter-Legende hat sich ein Standbein in Berlin geschaffen, wohnt in einer einst leerstehenden Wohnung des Filmproduzenten Artur Brauner und betreibt auf dem Ku'damm einen Ableger seines Café Extrablatt (nach München und Los Angeles). Doch blicken lässt er sich nirgendwo, und wenn überhaupt, dann nur im eigenen Lokal. Dort sitzt er, erzählt von großen Plänen (einer täglichen Internet-Klatschseite, einer Fünf-Minuten-Show im Fernsehen, einer neuen, sonntäglichen Kolumne), erzählt von Orgien in der Villa eines Werbe-Millionärs am Mexikoplatz, wo es «alles» gebe, inklusive professioneller und semi-professioneller Schönheiten, und erzählt von Trixi, einer «Ex» von Gunter Sachs, die auf der Straße des 17. Juni auf den Strich gehe.

Er wisse auch, was Gerhard Schröder so treibe, wenn die Katze aus dem Haus ist. Bevor Graeter in Versuchung kommt, sich tiefer in die Rolle des fabulierenden Alt-Klatschreporters zu verstricken, bringt ihn die Frage, wo er immer stecke, wenn die anderen feiern, kurz zum Schweigen. Warum sieht man ihn nie? Graeter erklärt: «Die wirklich wichtigen Leute dieser Stadt sind eben daran zu erkennen, dass sie unsichtbar sind. Man erwischt sie höchstens am General-Aviation, also Privatflugzeug-Terminal, von Tegel. Rafael Roth, der mal so eben ein paar Millionen für das Jüdische Museum aus seiner Privatschatulle springen ließ, oder Paulus Neefs, der Internet-Millionär.»

Während Graeter in dieser Stadt offenbar im Dunkeln tappt, gibt es einen Mann, der immer weiß, wer wo ist: der dichtende Zeitungsverkäufer vom *Tagesspiegel*. Allabendlich streift dieser geheime Star der Stadt durch die Nobel-Lokale, in einer hässlichen weiß-gelben Papierjacke, und verkauft seine Zeitung. Jeden Abend mit einem neuen, aktualisierten Reim. Beispiel: «Was steht uns in der Welt bevor / Kriegsrecht ausgerufen in Osttimor / Staatsminister Ludger Vollmer mahnt Jakarta / Hört sofort auf, sonst wird es hart da.» Alle, ob Schröder oder Feldbusch, kennen ihn, doch niemand weiß, wie er heißt. Sein Name ist Holger. Wer ihm noch nicht begegnet ist, wird bald keine Gelegenheit mehr dazu haben.

Holger ist ge«headhunted» worden, um für einen Verlag Anzeigen zu werben. Und morgen wird vielleicht er in Talkshows auftreten oder sich auf den Einladungslisten der Gräfin Hardenberg wiederfinden. Berlin bewegt sich schneller, als mancher schauen kann.

Ehrensache

Wie man in Berlin schnell zur Gräfin wird

Wenn Reinigungs- und Entsorgungsunternehmer die Spitze der sozialen Skala erreicht haben und sie dennoch das gewisse *Je ne sais quoi* vermissen, wenn Wohlstand und Ansehen nicht mehr distinguieren, wenn der Sehnsucht der Menschen, sich voneinander abzuheben, nicht mehr genügend Rechnung getragen wird, dann hilft nur noch die eigene Tat. Am Wochenende trafen sich in Berlin etwa 70 Mitglieder des «Cordon Bleu du Saint-Esprit», eines als Ritterorden getarnten Vereins, um in der Kaiser-Wilhelm-Gedächtniskirche neue Mitglieder zu «Rittern» und «Gräfinnen» zu schlagen. Gegründet wurde der «Cordon Bleu du Saint-Esprit» von dem Gastronomen Karl Heinz Steger aus Landau in der Pfalz, die Satzung des Vereins beruft sich allerdings auf die Traditionen eines 1789 erloschenen französischen Königsordens, der in der Tat «Ordre du Saint Esprit» hieß. Die Zeremonie folgte einem kurzen, von Silvia von Kekulé, der Pastorin der Gedächtniskirche, gehaltenen Gottesdienst.

Als erstes neues Mitglied wird Fürst Ferdinand von Bismarck in den Reihen des «Cordon Bleu» begrüßt. Der (authentische) Fürst tritt nach vorne, berührt das Schwert, das ihm der Großmeister, Wilhelm Jalowiecki aus Menzenschwand, entgegenhält, steckt sich das ihm auf einem Samtkissen dargebotene

Emaillekreuz an seinen schwarzen Regenmantel und setzt sich lächelnd wieder an seinen Platz. Als Nächstes sind «Herr Jürgen Darje, Berlin», «Frau Silvia Axt, Berlin» und schließlich alle anderen neuen Mitglieder aufgerufen, die kurze Zeremonie über sich ergehen zu lassen. Sie dürfen sich nun «Chevaliers» (Ritter) und «Comtessen» (Gräfinnen) nennen, wenn auch nicht im Personalausweis, so doch auf Visitenkarten und Briefpapier. Dem Regierenden Bürgermeister, der ebenfalls zu der Zeremonie in der Gedächtniskirche eingeladen war, wurde von seiner Protokollabteilung diskret von der Teilnahme abgeraten. Das harmlos anmutende Treiben der Enthusiasten des «Cordon Bleu» ist nämlich den echten Orden, wie etwa dem Souveränen Malteserorden, Träger des Malteser-Hilfswerks, ein Dorn im Auge. Vereine wie der «Cordon Bleu du Saint-Esprit», der «Ritterorden of St. Andrew» aus Stockach, der Orden «Militaris Teutonicus» aus Rastatt und diverse «Grabesritter» bedienen sich mit Vorliebe der Symbole und Embleme der Malteser und Johanniter und stiften damit unter Spendern Verwirrung.

Viele Gemeinschaften schmücken sich mit phantasievollen historischen Herleitungen, weisen karitative Taten und prominente Mitglieder auf, doch in den meisten Fällen, so ein Sprecher des Büros «Falsche Orden» der Allianz des Malteser- und der Johanniterorden, «sind es rein kommerzielle Vereine, die die Ehrsucht der Menschen ausnützen und oft attraktiv erscheinende finanzielle Transaktionen anbieten, die sich als Betrug entpuppen». Als «falsche» Orden könne man sie zwar strenggenommen nicht bezeichnen, denn auch Karnevalsvereine seien ja nicht «falsch», sondern vielmehr nur «unhistorisch». Walter Szeymies von der Mehden, Repräsentant des «Cordon

Bleu» in Berlin, verbittet sich Vergleiche mit Faschingsorden und weist darauf hin, dass auch Brandenburgs Innenminister Schönbohm Mitglied des «Cordon Bleu» sei und er selbst übrigens von nordischen Königen abstamme.

Klassenfeinde

Warum Berliner ein entspanntes Verhältnis zum Adel haben

Einer der berühmtesten Originale Berlins war der Arzt Ernst Ludwig Heim. Es war noch vor der Zeit, als Berlin sich aufmachte, Weltstadt sein zu wollen. Berühmt war Doktor Heim für seinen legeren Umgangston mit «hohen Herrschaften». Prinzessin Amalie von Preußen wollte ihn zum Leibarzt machen, angeblich nahm er nur unter zwei Bedingungen an: Erstens wollte er niemals antichambriert werden, meistens verbat er sich, wie ein Lakai in dritter Person Singular angesprochen zu werden. Er insistierte auf das modernere «Sie». Gleich bei seinem ersten Termin am Hof soll er den hier zu behandelnden Kurfürsten von Hessen mit einem «Stehen Sie doch bitte erst einmal auf! Und jetzt bitte umdrehen!» angeherrscht haben. Wahrscheinlich ist diese Episode erstunken und erlogen, aber man erzählt sie sich seit mehr als hundert Jahren, und sie verrät mehr über die Einstellung der Berliner gegenüber dem Adel als hundert Seiten tiefsinnigster Analyse.

Diese Nonchalance der Berliner hat ihre charmanten Seiten, aber es gibt auch Momente, in denen sich Abgründe auftun. Als Asfa-Wossen Asserate nach Berlin kam, um sein *Manieren*-Buch vorzustellen, war das allein schon ein Wagnis, das nur mit den frühen Expeditionen tapferer Missionare in den Dschungel von

Neuguinea vergleichbar ist. Asfas Familiengeschichte ist nicht, wie bei unsereinem, in spießigen Familienchroniken nachzulesen, sondern im Alten Testament. Im Buch der Könige. Zu seinen Vorfahren gehören die Königin von Saba und König Salomon. Der Abend in der Wohnung der Kunstmalerin Feodora zu Hohenlohe war eigentlich sehr nett. Außer, dass der Raum überfüllt war, die Fenster aber nicht geöffnet wurden, weil sonst der Lärm vom nahen Bahnhof Friedrichstraße zu laut gewesen wäre. Und abgesehen vom Betragen jener Dame vom Eichborn-Verlag, die die Ehre hatte, den Autoren im Namen des Verlages willkommen zu heißen. Sie war sichtbar enttäuscht von Asfa. «Irgendwie» hatte sie erwartet, dass Asfa auf einer Sänfte von mindestens sechs Mohren hereingetragen wird, doch er stand im grau gestreiften dunklen Anzug vor ihr. «Das ist Berlin», flüsterte der Kritikerfürst Gustav Seibt verständnisvoll seinem Nachbarn zu, «alles was südlich von Gummersbach ist, gilt als ferner Orient. Was erwartet die Arme? Dass der Prinz ein Baströckchen anhat?»

Schockierend war auch, was man sich hier leistete, als während der Fußballweltmeisterschaft der Sultan von Brunei in die Stadt kam. Der Sultan, der souveräne Herrscher über eines der reichsten Länder der Erde, ein wichtiger Verbündeter im Kampf gegen den internationalen Terrorismus in Südostasien, hätte mit Gerhard Schröder einiges zu besprechen gehabt. Doch er machte den Fehler, kurz vor Beginn eines Fußballspiels nach Deutschland zu kommen (einem Vorrundenspiel, keinem Finale). Die Gastgeber spulten den Fototermin runter, zogen sich für ein paar Minuten mit dem Sultan zurück und entschuldigten sich, als der gerade zu reden ansetzen wollte, schnellstens Richtung Fernseher. Die Deutschen gewannen 2 : 0, der Sultan von Brunei reiste verdutzt Richtung London ab, um das Geld seines Landes dort zu investieren, wo man weiß, wer er ist.

Oder der Tag, als Königin Elisabeth II. von England nach Berlin kam. In der britischen Botschaft fand ein Empfang statt, der gleichzeitig der Eröffnung des Hauses an historischer Stelle in der Wilhelmstraße diente. Ganz Berlin hatte sich für den Tag rausgeputzt. Natürlich kamen alle in die Botschaft, um ihr «die Hand zu schütteln». Leute wie Petra Pau, die sozialistische Abgeordnete des Bezirks Berlin-Mitte, standen mit feuchten Händen am Rande eines Läufers, der durch den Lichthof geschwungen war. Die Königin und Prinz Philip schritten den blauen Läufer ab. Doch das ging den Berlinern entschieden zu langsam. Plötzlich entstand ein Gedränge, die feinen Herrschaften fuhren die Ellbogen aus, dem Durcheinander konnten erst die Adjutanten der Königin durch ihr entschiedenes Auftreten Herr werden, indem sie die Herrschaften baten, wieder an den Rand des Läufers zurückzutreten. Sobald die Berliner allerdings von der Königin begrüßt worden waren, verließen sie hinter dem Rücken des Staatsgastes das Botschaftsgebäude, sodass sich der Lichthof abrupt leerte, bis Elisabeth II. fast allein im Saal zurückblieb.

Eine Stadt, die Shawne Borer-Fielding den Hof machte, ist durch alles zu verführen, außer vielleicht durch Authentizität.

Das süße Leben findet kein Ende

Mit Wowereit im Adlon

In Zeiten, in denen Bagatellen zu Skandalen werden, in denen eine «Kaviar-Affäre» einen hohen Beamten den Posten kosten kann, mag es verfänglich sein, an einem «Herrenabend» teilzunehmen, der im Zeichen der «4 Cs» steht (Champagner, Caviar, Cognac und Cigarren). Der Regierende Bürgermeister wagte es. Am Mittwochabend mischte er sich unter eine Runde, die sich im Kaminzimmer des Hotels Adlon versammelt hatte. Bekocht von Küchenchef Karlheinz Hauser, gönnte man sich auf Kosten des Hauses ein neungängiges Menü. Da die Champagner-kellerei Moët & Chandon gemeinsam mit dem Direktor des Adlon eingeladen hatte, wurde ausschließlich Dom Pérignon Champagner verschiedenster Jahrgänge zum Essen serviert.

Damen waren nicht gebeten. In dem dunkel getäfelten, niedrigen Kaminzimmer befanden sich knapp vierzig Herren im Smoking. Der Generalmusikdirektor der Deutschen Oper, Christian Thielemann, erschien in einem asiatisch geschnittenen Anzug. Der Chefredakteur der *B.Z.*, Georg Gafron, kam, wie der ehemalige amerikanische Botschafter Kornblum, etwas verspätet und setzte sich, obwohl er dort nicht platziert war, an den Tisch mit Wowereit, Thielemann und Rafael Roth. Busso von Alvensleben, der Protokollchef der Bundesregierung, musste schlucken, als er auf der Menükarte die Ankündigung einer Kaviar-Verkostung entdeckte. Michel Riegert (von Caviar House in Genf) bestand darauf, dass die Anwesenden seine drei Sorten iranischen Kaviars vom Handrücken essen. «Nur so kann man ihn wirklich schmecken», insistierte Riegert. Tatsächlich ist Kaviaressen mit Löffeln nur der halbe Spaß. Einer der vielen Gänge war auf dem Teller mit einem Hauch Blattgold dekoriert. Dieses wiederum schmeckte nach nichts, außer dem süßlichen Geschmack der Verschwendung.

Gegen Mitternacht sah sich Wowereit zur Dankesansprache veranlasst. Er sprach von der Bedeutung des Luxuskonsum-Sektors für die Stadt. «Vielen war neu, dass man Kaviar vom Handrücken essen muss.» Über all dem wachte, als Büste über dem lodernden Kamin stehend, ein vermessen blickender Wilhelm II.

Die Magie der Kordeln

Ein ausgetüfteltes Schleusensystem regelt das Berlinale-Partygeschehen

Für die 17 Jahre alte Caroline Ischinger war die letzte Woche ziemlich aufregend. Sie durfte beim Empfang nach dem Eröffnungsfilm im Hotel Intercontinental Naomi Campbell die Hand schütteln, mit Regisseur Wim Wenders plaudern, sogar Bono hat sie kennengelernt. Jemand fragte sie auf einer Party, ob sie selbst Schauspielerin sei. «Nein», lachte sie, «ich bin Gymnasiastin am Canisiuskolleg.» Ihr Vater, Wolfgang Ischinger, ist Staatssekretär im Auswärtigen Amt, ihr Patenonkel ist Michael Naumann, der Kulturstaatsminister. Der hatte Caroline das Geschenk gemacht, sie zu einigen der Premieren und Berlinale-Empfängen mitzunehmen: An der Seite ihres Patenonkels gehörte Caroline Ischinger letzte Woche zur obersten Kaste der Berlinale-Besucher. Ihr Platz war stets jenseits der magischen Kordeln, die jedem Festspielbesucher seinen Platz gemäß seiner Position in einer klar definierten sozialen Pyramide zuteilen.

An der Spitze dieser Hierarchie stehen die Vertreter der Filmverleih-Konzerne mit ihren Stars, die Berlinale-Leitung, die Jury, die Geschäftspartner der Filmverleihe und deren Entourage. Sie werden bei Empfängen und Premierenfeiern durch dezente Kordeln, manchmal auch durch Holzverschläge von der knapp darunterliegenden Kaste getrennt. Die besteht aus der großen Anzahl der persönlich eingeladenen VIPs, Schauspieler und Regisseure, die nicht im Rampenlicht dieser Berlinale stehen, Fernsehmoderatoren und den üblichen Gesichtern aus Wirtschaft, Kultur und Medien. Die unterste, gleichsam tragende Basis der Pyramide besteht aus den Fotografen, deren Aktionsradius gelegentlich außerordentlich streng reglementiert wird, und noch weiter darunter die Masse der Fans, die hinter Eisengittern abgesperrt die Kulisse beim Beschreiten des roten Teppichs bildet.

Während sich draußen vor der Tür Mädchen ihres Alters die Hälse wund schreien, nippt Caroline Ischinger an einem Glas Orangensaft und hört der Konversation ihres Patenonkels zu, in der er *The Million Dollar Hotel* als «Wenders besten Film überhaupt» lobt. Ein paar Meter weiter, an der Kordel, die den VIP-Bereich von der Masse der eingeladenen Gäste trennt, spielen sich herzerweichende Szenen ab, Fotografen drängeln sich wie bei einer CDU-Pressekonferenz, und Gäste wollen hinein. Doch wer seine Zugehörigkeit zum Olymp nicht ausweisen kann, bleibt draußen. Viele Premierenpartys geraten durch dieses Kastensystem zu potemkinschen Veranstaltungen. Wie die Aftershow-Party von Warner Brothers für *Three Kings*. Hunderte Menschen halten sich an Bier oder Frühlingsrollen fest und verbringen den Abend damit, nach Leuten Ausschau zu halten, die wichtiger sind als sie selbst. Sie sehen Hellmuth Karasek, der trotz Grippe mit Gattin Armgard ausgelassen tanzt, aber weit und breit keinen George Clooney. Am nächsten Tag berichten die Journalisten, die den Großteil des Publikums ausgemacht haben, von rauschenden Berlinale-Nächten und halten damit die potemkinschen Dörfer aufrecht. In einer seriösen Berliner Tageszeitung las man an einem einzigen Tag folgende Überschriften: «Berlin ist hip, hip, hip», «Promis so weit das Auge reicht».

Bei der «Beach»-Party in einer Lagerhalle in Kreuzberg waren Hunderte Premierengäste, statt sich miteinander zu amüsieren, auf einen mitten unter ihnen errichteten Holzverschlag fixiert, hinter dem die Gäste von Twentieth Century Fox in einer Bar feierten, die einem Bangkoker Nachtclub nachempfunden war. Dort soll auch Leonardo DiCaprio gewesen sein, samt seiner Familie. Auch wenn sich viele ob der abgesperrten Zone verwundert zeigten, übt eine ostentative Aussperrung eine gewisse Magie aus, suggeriert es doch die Illusion einer Party, für die man selbst viel zu unwichtig sei und die deshalb zwangsläufig gut sein müsse.

Ernüchternd ist erst das Gefühl, das sich einstellt, wenn man die Grenzen zum VIP-Bereich überschritten hat und feststellen muss, dass das Publikum hinter den Absperrungen nicht besser ist als das davor. Eine Mitarbeiterin von Twentieth Century Fox erklärt, nur durch massive Absperrungen sei gewährleistet, dass die Stars nicht auch noch nachts von unliebsamen Fans mit Pocketkameras fotografiert würden.

Der traditionelle «Medientreff» von Manfred Schmidt, dieses Jahr im Hyatt, konnte durch gezielte Einladungspolitik auf das Kastenwesen verzichten. So durfte sogar Nina Hagen mit Gregor Gysi plaudern. Und selbst die Gattin des Schweizer Botschafters und ehemalige Miss Texas, Shawne Borer-Fielding, blieb unbelästigt.

Der Kinowelt Filmverleih löste das «Paparazzi»-Problem

gestern bei der Premierenfeier von *Der talentierte Mr. Ripley* mit einer anderen Maßnahme: Fotografen und Kamerateams durften jeweils eine Viertelstunde, und dann in Begleitung eines Kinowelt-Mitarbeiters, auf der Party drehen und fotografieren. So fühlten sich Gwyneth Paltrow und Matt Damon nicht belästigt und mussten sich im Schöneberger Rathaus, das im italienischen Stil der fünfziger Jahre dekoriert wurde, nicht hinter Barrieren verstecken.

Auf der Suche nach Kate Winslet

Was bei der Verleihung der Goldenen Kamera wichtig ist

Das Wichtigste bei der Goldenen Kamera, sagte Otto Sander, der bei solchen Veranstaltungen stets zu den Veteranen zählt, sei es, im Borchardts einen reservierten Tisch zu haben, um rechtzeitig dem Gedrängel zu entfliehen und anschließend in die Paris-Bar zu gehen und dort bis zum Morgengrauen zu trinken. Der Stehtisch, an dem Otto Sander und seine Frau Monika Hansen standen, stellte zu diesem Zeitpunkt das Epizentrum des Berliner Gesellschaftslebens dar. Mit ihnen am Tisch stand Udo Walz, ein in seiner aristokratischen Erscheinung und seinem schlohweißen Haar indigniert wirkender Anno August Jagdfeld sowie eine Schauspielerin in weißem Satinkostüm, die passierende Fotografen dazu aufforderte, sie zu fotografieren, dabei ihr Kostüm öffnete und ihr Dekolleté zeigte.

Während hier im Stehen getrunken wurde, saßen im Nebenraum die Ehrengäste beim Gala-Dinner. Die Tische waren jeweils nach hohen Repräsentanten des Axel-Springer-Verlags benannt, also zum Beispiel «Tisch Friede Springer», «Tisch Gus Fischer». Der Wiener Partyservice Do&Co servierte ein Menü, und ein humorvoller Geist hatte bei der Tischordnung dafür gesorgt, dass zum Beispiel Kate Winslet zwischen Uschi Glas und Gus Fischer sitzen sollte, worauf sie allerdings zugunsten eines Abendessens in ihrer Hotelsuite verzichtete. John C. Kornblum hatte seine Frau zu seiner Rechten platziert, links neben ihm saßen der Herrenschneider Rudolph Moshammer und Regine Sixt, die gemeinsam die Münchner Gesellschaft personifizieren. Obwohl weder Regine Sixt noch Rudolph Moshammer flüssig Englisch sprechen, bestanden beide darauf, dem sichtbar leidenden Botschafter ihre Sicht der Welt in dessen Muttersprache zu erläutern.

Das Schwierigste bei der Goldenen Kamera, so Otto Sander, sei es, jenen zu begegnen, nach denen man im Gedrängel suche und dabei nicht genau auf die zu stoßen, mit denen man die Begegnung lieber verhindert hätte. Wer etwa vermeiden wollte, dem Duo Patricia Riekel und Helmut Markwort über den Weg zu laufen, dem standen die beiden tatsächlich alle halbe Stunde genau vis-à-vis, wer nach Stefan Aust Ausschau hielt, begegnete nur Sissy Perlinger. Für Gesprächsstoff sorgte nicht nur der Auftritt von Barbara Becker, sondern auch die Strenge, mit der die Organisatoren dieses Jahr offenbar die Gästeliste ausgedünnt haben, um die Enge, die in den vergangenen Jahren bei der Goldenen Kamera herrschte, diesmal zu vermeiden. So manche Berliner Institution (etwa die Juhnkes und Klingbeils) scheint in Beate Wedekinds Organisationsbüro durch das Raster gefallen zu sein. Zu den Höhepunkten des Abends gehörte die kurze, aber herzlich formulierte Dankesrede der Preisträgerin Kate Winslet sowie die Wortprägung des Gewinners in der Kategorie «Moderation», Günter Jauch, der «scharpinghaft» als Synonym für «unbeholfen» und «unsouverän» benutzte. Enttäuschend (aber auch nicht schlimmer als Ulla Kock am Brink im vergangenen Jahr) war Désirée Nosbusch, die Moderatorin der Preisverleihung. Mit Übergängen wie «Huh! Und jetzt!» und Halbsätzen wie «Ich freue mich so super riesig» war sie eine unangenehme Erinnerung an abscheuliche Aspekte der achtziger Jahre.

Das Gros der Gäste hielt sich auf Kosten des Axel-Springer-Verlags bis 4 Uhr morgens im Konzerthaus schadlos, andere suchten die Paris-Bar auf und endeten um 7 Uhr morgens an der Bar des Four Seasons, wo schließlich das Gerücht eintraf, dass sich Madonna im Ritz-Carlton aufhalte. Nie kann man in dieser Stadt sicher sein, am richtigen Ort zu sein. Wer etwa den Ehrgeiz hatte, Ricky Martin zu begegnen, war bei der Goldenen Kamera am falschen Ort. Besser hatte es in dieser Hinsicht Christian Melzow aus Joachimsthal (Kreis Barnim). Bei einem Radiosender gewann er den Wettbewerb «Was würdest du tun, um Ricky Martin zu treffen», nachdem er sich bis zum Hals in ein zähflüssiges Jauchebad gestellt hatte.

Quellennachweis

Höflicher Monolog
Faces Magazin

Das Land der Träume
Die Religion der High Society, (unter dem Titel «Die große Sause»), *Vanity Fair* 25/07, (sowie unter dem Titel «Die High-Society der Kunst») *Vanity Fair* 24/07

Wie man sich unbeliebt macht, *Vanity Fair* 17/07

Botoxtanken in Salzburg (unter dem Titel «Liebesattacke in Salzburg»), *Vanity Fair* 34/07

Todessehnsucht in Mailand (unter dem Titel «Todessehnsucht»), *Vanity Fair* 41/07

Die Kunst der Konversation, *Süddeutsche Zeitung*

High Life auf hoher See (unter dem Titel «Das süße Leben auf Luxusyachten»), *Vogue*, (sowie unter dem Titel «High Life auf hoher See») *Vanity Fair*

Bier Royal (unter dem Titel «München macht blau»), *Vanity Fair* 40/07

Geschlossene Gesellschaft, *Vanity Fair* 40/07

Es lebe der Klassenunterschied, *Vanity Fair* 16/07

Klatschhochburg Vatikan, *Vanity Fair* 18/07

Rennbahn-Society, *Vanity Fair* 23/07

No Smoking, *Park Avenue*

Die Eleganz der Ignoranz, *Vogue* 9/89

Hey, ihr da unten!, *Vanity Fair* 12/07

Kopf oder Zahl?, *Vanity Fair* 13/07

Marballermann (unter dem Titel «Marbella – das ist das Ballermann für die Reichen»), *Abendzeitung*, 4. August 1998

Die Qualen der Reichen und Mächtigen

Warum tauchen die Reichen unter? (unter dem Titel «Die Reichen tauchen unter»), *Vanity Fair* 30–31/07

Ist Snobismus überhaupt noch möglich? (unter dem Titel «Proletariat erster Klasse»), *Frankfurter Allgemeine Sonntagszeitung*

Wo sind die Butler geblieben? (unter dem Titel «Dienstboten»), *Park Avenue*

Muss Charity sein? (unter dem Titel «Der Charity-Terror»), *Vanity Fair* 22/07

Warum sind Luxusgüter kein Luxus? (unter dem Titel «Die Qual des Schönen»), *Park Avenue*

Wie wichtig sind Cocktailpartys? (unter dem Titel «Cocktailparty»), *Park Avenue*

Brauchen Kinder Vielfliegerkarten? (unter dem Titel «Der Baby-Jetset»), *Vanity Fair* 29/07

Warum sind Milliardäre anders? (unter dem Titel «Die neue Oberklasse»), *Vanity Fair* 27/07

Warum neigen Royals zu Wahnsinn? (unter dem Titel «Königlicher Irrsinn»), *Vanity Fair* 15/07

Muss man den Genuss von Bordeaux strenger reglementieren? (unter dem Titel «Château Lafalsch?»), *Vanity Fair* 14/07

Ist England immer noch eine Kasten-Gesellschaft? (unter dem Titel «Stände-Rangelei»), *Park Avenue*

Was tun gegen die Schwemme an Preisverleihungen? (unter
dem Titel «Nun nehmen Sie schon»), *Park Avenue*
Hat die High Society eine größere Begabung für Exzesse?
(unter dem Titel «Im Reich der schwarzen Schafe»), *Vanity
Fair* 18/08
Warum sind Reiche sparsam?, *Süddeutsche Zeitung*
Warum klagen Millionäre ständig?, *Süddeutsche Zeitung*

Kratzen am Zuckerguss

Jimmy Goldsmith, Milliardär (unter dem Titel «Dinner mit
Jimmy»), *Männer Vogue* 1/97
Helmut Berger, Schauspieler (unter dem Titel «Der Umar-
mungswürdige»), *Süddeutsche Zeitung*, 29./30./31. Mai 2004
Saif Gaddafi, Diktatorensohn (unter dem Titel «Mit Gaddafi
im Hotel»), *Frankfurter Allgemeine Zeitung*
Damien Hirst, Künstler (unter dem Titel «Mumien, Monster,
Mutaionen»), *GQ* 3/98
Arthur Cohn, Filmproduzent (unter dem Titel «Mein liebster
Tyrann»), *Vanity Fair* 25/07
Dr. Jean-Louis Sebagh, Schönheitsarzt (unter dem Titel «Der
Glattiator»), *Park Avenue*
Angelica Blechschmidt, Mode-Legende (unter dem Titel «Ange-
lica!»), *Park Avenue*
Charles Althorp, Dianas Bruder (unter dem Titel «Der König
der Heuchler»), *Vanity Fair* 20/07
Otto von Habsburg, Kaisersohn (unter dem Titel «Der letzte
Kaiser»), *Vanity Fair* 27/07

Die Berliner Gesellschaft

Von Cocktails und Currywürsten (unter dem Titel «Berliner Dilemma»), *Vanity Fair* 39/07

Schloss Mallevue, *Park Avenue*

Leichtes Spiel, *Süddeutsche Zeitung*

Das Berliner Gesellschaftsspiel (unter dem Titel «Das neue Berliner Gesellschaftsspiel»), *Stern* 46/99

Ehrensache (unter dem Titel «So wird man Gräfin von Breitscheidplatz»), *Frankfurter Allgemeine Zeitung*, 25. 9. 2000

Klassenfeinde, *Cicero* 4/2004

Das süße Leben findet kein Ende, *Frankfurter Allgemeine Zeitung*

Die Magie der Kordeln, *Frankfurter Allgemeine Zeitung*, 14. 2. 2000

Auf der Suche nach Kate Winslet, *Frankfurter Allgemeine Zeitung*, 8. 2. 2001

B 78/3

Dorothy L. Sayers bei rororo

The Grand Old Lady of British Crime:
«Fraglos eine der raffiniertesten Kriminalautorinnen.»
The New York Times

Aufruhr in Oxford
rororo 23082

Diskrete Zeugen
rororo 23083

Fünf falsche Fährten
rororo 23469

Hochzeit kommt vor dem Fall
rororo 23245

Mord braucht Reklame
rororo 23081

Mord in mageren Zeiten
England 1940: Harriet Vane – nun
Lady Peter Wimsey – hat sich mit
ihren Kindern in die Countryside
zurückgezogen. Für Trubel sorgen
die dort stationierten Air Force
Soldaten, die hübschen Mädchen
vom Landdienst – und eine Tote
auf der Landstraße. Ein Fall für
Lord Peter und seine scharfsinnige
Gattin – Dorothy L. Sayers aller-
letzter Fall! rororo 23617

In feiner Gesellschaft
Theaterproduzent Laurence Har-
well und seine Frau gelten in ihren
Kreisen als Paradebeispiel einer
Amour fou. Die kapriziöse Rosa-
mund bändelt mit einem jungen
Dramatiker an – und wird ermor-
det. Das ruft Lord Peter auf den
Plan ...

rororo 22638

Weitere Informationen in der Rowohlt Revue *oder unter* www.rororo.de

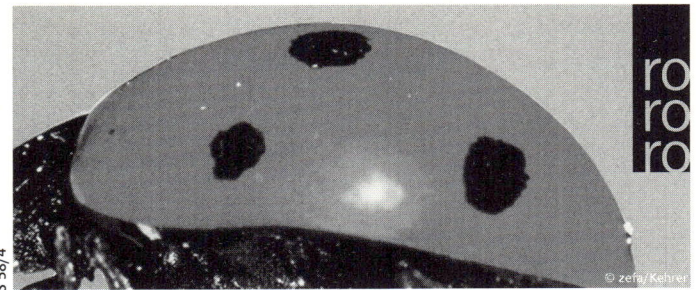

rororo 62355

Dr. med Eckart von Hirschhausen
Die Leber wächst mit ihren Aufgaben

Ansteckend lustig

Hilft Akupunktur beim Auto? Warum regt einen Glückstee so auf?
Und wie findet man mit geschlossenen Augen seinen
Traumpartner?

Arzt, Kabarettist und Bestsellerautor Dr. Eckart von Hirschhausen
klärt diese und andere Fragen mit diagnostischem Blick. Er entdeckt
das Komische in Medizin und Alltag, nichts Menschliches ist ihm
fremd und niemand ist vor ihm sicher.

«Weißer Kittel, schwarzer Humor» Berliner Morgenpost